고경중마방

퇴계선생의 마음공부

퇴계원전총서 1
고경중마방 古鏡重磨方 — 퇴계선생의 마음공부

편저자   退溪 李滉
역해자   박상주
펴낸이   오정혜
펴낸곳   예문서원

편 집   명지연 · 배경완
인 쇄   상지사
제 책   상지사

초판 1쇄   2004년 12월 24일
초판 2쇄   2009년 7월 30일

주   소   서울시 동대문구 용두2동 764-1 송현빌딩 302호
출판등록   1993. 1. 7 제6-0130호
전화번호   925-5913~4 · 929-2284 / 팩시밀리 929-2285
Homepage   http://www.yemoon.com
E-mail   yemoonsw@empas.com

ISBN 89-7646-191-6 93150

YEMOONSEOWON 764-1 Yongdu 2-Dong, Dongdaemun-Gu Seoul KOREA 130-824
Tel) 02-925-5914, 02-929-2284 Fax) 02-929-2285

값 12,000원

퇴계원전총서

고경중마방

퇴계선생의 마음공부

퇴계 이황 편저 / 박상주 역해

예문서원

책머리에

좌우명이 없는
얇은 시대
옛 성현들의
치열한 수행 정신을
본받아
먼저
나를 세우고
가정을 세우고
이웃을 세운다.

『고경중마방』은 퇴계退溪 이황李滉선생이 역대 여러 성현聖賢들의 명銘, 잠箴, 찬贊을 한데 모아 엮은 글이다.

명은 돌이나 나무 쇠붙이 등에 새겨서 마음을 경계하는 글을 말하고, 잠은 벽 등에 붙여 마음을 다스리고 경계하는 글을 말하며, 찬은 어떤 대상에 대해 칭송하고 기리는 글을 말한다.

옛 성현들은 시시각각으로 마음을 갈고 닦기 위해 경계하는 글을 책상, 벽, 거울, 침실, 심지어는 세숫대야나 지팡이 위에까지 쓰고 새겨서 잠시라도 수행의 고삐를 늦추지 않았다.

고경중마방古鏡重磨方이라는 말은 '옛 거울을 거듭 갈고 닦는 묘방'이라는 뜻이다. 다시 말해서 일상생활을 하는 가운데 여러 가지 먼지와 티끌로 오염된 거울을 부지런히 갈고 닦아 마침내 원래의 밝은 거울을 되찾아 삼라만상을 있는 그대로 훤하게 비추어 보는 묘방이라는 뜻이다.

물론 여기서의 거울은 우리 인간의 마음을 비유하고 있다. 인간의 원래 마음은 순수 광명체 그 자체이건만 오랜 세월 동안 물욕에 사로잡히다 보니 자신도 모르게 점차 오염되어 어두운 구름에 가려져 있다. 바로 이 오염된 마음을 원래의 밝고 맑은 마음으로 되찾아 가는 과정에 꼭 필요한 방법들을 집대성한 것이 곧 이 『고경중마방』이다.

오늘날, 현대인들은 겉으로 드러난 상相, 수數, 양量 등의 소유에 지나치게 가치를 부여한 나머지 인간 삶의 본원적 요소인 인간의 심心에 대해서는 무관심한 경향이 짙다. 그러나 알고 보면 너와 나의 닫힌 문을 열고 경계를 뛰어넘어 모든 존재와 하나의 경지에 이르는 통로가 곧 인식의 주체인 인간의 마음 아닌가? 그러므로 무엇보다 선행되는 것이 마음이요, 바로 이 마음의 수행 과정이 곧 삶의 과정이며, 역으로 삶의 과정이란 곧 마음의 수행 과정이 아니겠는가?

그런데도 대부분의 사람들은 동시대의 주변 사람들이 살아가는 삶의 방식이 곧바로 바른 삶이고 바른 길인 양 상식선에서 단정해 버리고는 별다른 생각 없이 그저 그렇게 일상생활에 떠밀려 살아간다. 그러다가 문득 정신을 차리면 이미 몸은 노쇠하고, 정신은 혼미하여 목숨은 서산에 걸려 있다. 이렇게 되면 원효 대사의 말처럼 부서진 수레로는 더 이상 나아갈 수 없듯이 마음의 수행은 더 이상 불가능하고, 낡고 병든 육신의 보존에나 급급하면서 갓난애 같은 동정과 애한 속에 한 생애를 마무리하고 만다.

그러나 다행히 여기 퇴계 선생께서 대인심大仁心을 발휘하여 우리들의 심신이 아직 건강할 때부터 미리 마음을 수행하여 연륜과 더불어 삶의 향기를 더할 수 있도록 역대 선인들의 심수행心修行 묘방들을 한자리에 고스란히 모아 놓았으니 아직 기력이 남아 있는 우리로서는 여간 다행한 일이 아니다. 이제 우리들은 모든 번민에서 벗어나 다만 이 글에 따라 심수행에만 매진하면 된다.

끝으로 『고경중마방』을 처음으로 번역하여 후학들에게 번역의 이정표를 세워주신 이윤희 선생님과, 필자가 한국교육사상사에 전념할 수 있도록 많은 배려를 베풀어주신 김기민 교수님과, 인연 닿은 모든 분들께 깊이 감사드리며, 아울러 우매한 필자를 퇴계학의 바다로 이끌어 주신 고故 산담山潭 정순목 선생님의 영전에 이 책을 바친다.

2004년 4월 5일
엄광산 자락에서
박상주 삼가적음

고경중마방 서序

옛 거울을 거듭 갈고 닦는 전래의 묘방을 얻으니
밝은 거울은 해와 더불어 밝은 빛을 드러내어
우리 집 가는 길을 훤히 비추네.
이제 더 이상 병주幷州를 고향이라 부르지 말게나.

위의 시는 주자께서 임희지와 송별할 때 지어 준 다섯 수의
시 가운데 한 수이다. 퇴계 선생께서 잠箴과 명銘을 베껴 쓰시
고는 이 시의 첫 구절을 취하시어 책의 표제로 삼으시고, 책의
첫 머리에 실으신 것은 배우는 이들로 하여금 여기에 바탕을
두고 배우게 하기 위함이다. 동시에 책을 펼치는 순간 이 책의
표제가 생겨난 경위를 앎으로써 이 책의 내용을 보다 깊이 음
미할 수 있도록 하기 위해서이다.

만력 정미 6월에 문인 정구 삼가 적음

古鏡重磨要古方, 眼明偏與日爭光.
明明直照吾家路, 莫指幷州作故鄕.

右, 朱夫子送林熙之, 詩五首中一首. 李先生手寫箴銘, 取此
詩首句之義以名之, 學者其有以體之哉. 玆弁諸首使開券敬

覬知此書所以得名之意云.

萬曆丁未六月日 門人 鄭逑 敬識

【해 설】

위의 글은 『고경중마방』 서문에 해당하는 부분인데 원문에는 서序라는 표시가 따로 없다. 윗부분의 시는 퇴계가 주희의 시를 인용한 것이고, 아랫부분은 퇴계의 문인門人 한강寒岡 정구鄭逑가 선조 35년 서기 1607년에 이 책을 간행하면서, 퇴계 선생이 이 시를 책의 첫머리에 실은 연유와 목적을 구체적으로 밝힌 것이다.

여기서의 옛 거울은 말할 것도 없이 우리의 마음이다. 그럼 왜 새 거울이 아니고 옛 거울인가? 이것은 원래 우리의 마음이 항상 하늘이 부여한 성性, 즉 밝은 덕(明德)으로 언제나 변함없이 빛나는 광명체임을 보여주기 위해서이다. 즉, 거울 그 자체는 옛 거울이니 새 거울이니 따위의 구별이 없다. 항상 원래 거울 그대로이다. 그러나 우리가 일상생활을 하면서 여러 가지 욕망에 끌리다 보면 그 밝은 거울에 먼지와 티끌이 끼여 거울은 원래의 그 밝은 광명을 드러내지 못한다. 이런 까닭에 여러 가지 인욕人欲으로 물들기 전의 청정한 거울의 본 모습을 편의상 옛 거울이라 칭한 것이다. 그러므로 지금 눈앞의 거울은 비록 여러 가지 먼지와 티끌로 뒤덮여 광명을 발하지 못하지만 일상생활에서 우리들이 이 거울을 거듭 갈고 닦아 나가면 반드시 옛 거울의 밝은 광명을 되찾을 수가 있다.

그리고 인용한 시에 나오는 '옛 거울을 거듭 갈고 닦는 전래의 묘방'은 곧바로 우리의 마음을 닦는 옛 성현들의 귀중한 말씀을 뜻하고, '우리집 가는 길'은 원래의 내 마음 즉 인욕에 물들기 전의 그 적적寂寂하고 청청하던 내 마음의 본 모습에 도달하는 길을 말한다. 그리고 '이제 더 이상 병주를 고향이라 부르지 말게나'라는 구절은 오랜 세월 동안 인욕에 물든 나의 삶의 형태를 삶의 본모습인 양 착각하지 말라는 뜻이다. 원래 병주는 당나라 시인 가도賈島가 오랫동안 머문 곳인데 가도가 이 곳을 떠나면서 제2의 고향으로 여기며 시를 지은 적이 있다. 이로 말미암아 오랫동안 머물러 정이 든 곳을 병주라 칭하게 되었다. 따라서 병주는 분명 진짜 고향은 아니다. 단지 한 곳에 오래 머물러 습성화되고 체질화되어 버린 제2의 고향에 불과하다.

　이런 측면에서 현재 우리에게 익숙한 삶의 형태는 참된 삶이 아니다. 단지 그렇게 습관화되어 참된 삶으로 착각하고 있을 뿐이다. 정말 참된 삶은 다른 곳에 있다. 다시 말해서 진정 내 고향은 병주가 아니고 다른 곳에 있다. 위의 시가 상징하는 의미를 좇아서 전체적으로 풀이하면 아래와 같다.

　원래의 청정한 내 마음을 다시 찾아가는 길

비록 지금 내 마음 표면은 온갖 때로 덮여 있지만 원래의 내 마음 본바탕은 청정하기 이를 데 없네. 다행히 내 지금 옛 성현들이 설해 놓은 심수양의 비법을 얻으니 뛸 듯이 기쁘구나. 이제 부지런히 옛 성현들의 말씀을 따라 때 묻은 마음을 갈고 닦으니 원래 마음의 밝은 빛이 서서히 드러나 맑고 밝은 내 마음 고향으로 가는 길이 훤히 보이는구나. 아, 여태까지의 삶의 방식이 참된 삶인 양 착각에 빠져 멋모르게 살아온 것이 부끄럽기 짝이 없구나. 이제 이 전도된 삶을 더 이상 바른 삶이라고 부르지 않으리. 두 번 다시는 나의 참 고향을 버리고 병주를 나의 고향이라고 부르는 어리석음을 저지르지 않으리.

　여기서 특히 '병주를 고향이라 부르지 않으리'라는 시구詩句는 끊임없이 참된 삶을 추구하며 묵묵히 걸어가는 수행자의 본 모습을 가장 잘 표현한 명구名句라 하겠다.

_13

1. 나날이 새롭게 하라

진실로 날로 새롭게 하고 매일매일 새롭게 하여 나날이 새롭게 하라.

盤銘

苟, 日新, 日日新, 又日新.

성탕成湯 임금의 세숫대야에 새긴 명

【해 설】

위의 글은 중국 고대 하夏나라의 폭군이던 걸傑왕을 몰아내고 상商나라 곧 은殷나라를 세운 성탕成湯이 자신의 마음을 반성하고 수양하기 위해 세숫대야에 새긴 글이다.

인간의 마음은 한자리에 머물면 고인 물처럼 썩고 만다. 그러므로 과거의 잘못된 일이나 남으로부터 당한 억울한 일이나 자신이 이룩한 과거의 업적 등에 마음이 집착되면 원래의 밝은 마음은 오염되거나 부패하고 만다. 마음은 시냇물처럼 항상 흘러야만 한다. 눈에도 집착하지 말고, 귀에도 집착하지 말고, 느낌에도 집착하지 말고, 생각에도 집착하지 말고, 항상 머문바 없이 그 마음을 내어야 한다. 저 높은 산속 바위틈의 샘처럼 항상 새롭고 신선한 생각을 내어 청정한 생활을

매일매일 이끌어 가야 한다.

　바로 이런 삶이 새롭게 태어나는 '일신 일일신 우일신'하는 참된 삶이다. 시냇물은 흘러야 제격이고, 샘은 시시각각 솟아야 제격이며, 인간은 새벽마다 거듭 새롭게 태어나야 제격이다.

∠. 항상 마음을 경계하라

편하고 즐거울 때 반드시 공경함을 지녀라. 그렇지 않으면 후회할 일이 생긴다. 눕거나 엎드리거나 항상 마음을 가다듬어 조심조심 나아가라. 은나라 백성들이 가까운 곳에서 네가 하는 행동 하나하나를 일일이 감시하고 있다.

席 四 端 銘

安樂必敬. 無行可悔. 一反一側不可不志. 殷監不遠視爾所代.

무왕武王의 좌석 네 모퉁이에 새긴 명

【해 설】

무武왕은 은나라의 폭군 주紂왕을 몰아내고 아버지 문왕을 이어 주나라를 세운 주나라 제2대 왕이다. 비록 은나라의 폭군 주왕을 무력으로 몰아내고 주 왕조를 건국했지만 아직도 은나라 백성들은 은나라에 미련을 가지고 있으며 만약 주나라 왕이 조금이라도 왕도에서 어긋난 짓을 하면 당장 들고 일어설 기세다.

백성들이란 평소에는 물처럼 왕이라는 배를 온순히 그들 위에 띄우고 있지만, 왕이 왕도에서 벗어난 짓을 하면 언제라도 노도같이 그

배를 뒤엎어 버릴 폭발력을 지닌다. 그러므로 처음으로 왕조를 개창한 지금, 마치 살얼음 위를 걷는 것처럼 조심하고 경계해야만 한다.

우주의 참모습은 변화이다. 세상에 변하지 않는 것은 없다. 지금 생활이 한 때 편안하고 즐겁고 남들 위에 군림한다고 해서 이 상태가 영원히 계속되는 것은 아니며, 비록 현재의 생활이 고달프고 남 아래서 전전긍긍한다고 해서 이 상태가 영원히 지속되는 것도 아니다. 우주 만상은 끊임없이 돌고 돌아 태극 운동을 전개해 가고 있다. 그러므로 윗자리에 있을 때는 아랫사람의 입장을 충분히 생각하고 아랫자리에 있을 때는 윗사람의 입장을 충분히 생각하는 마음의 폭을 지녀야 한다.

따지고 보면 세상에 윗자리가 어디 있고, 아랫자리가 어디 있느냐. 오로지 저마다 인생이란 무대에서 주어진 역할을 성실히 수행해 가며 저마다의 마음자리를 밝게 수양해 가는 것이 생의 의의가 아닌가. 예컨대 우리 몸이라는 사회가 건강하게 살아가기 위해서는 입은 먹고, 코는 숨쉬고, 귀는 듣고, 눈은 보고, 위장은 소화하고, 큰창자는 배설물을 저장해야만 한다. 거기에는 깨끗함과 더러움도 없고, 귀하거나 천한 것도 없고, 위와 아래도 없다. 따지고 보면 이 모든 차별은 보이는 대상들을 인간의 좁은 시각에 맞추어 서로 비교하고 판단하고 자만하고 시기하고 울고 웃고 하는 한바탕 귀신 놀음에서 비롯된 것이 아닌가.

그러므로 우리의 삶에서 무엇보다 근본인 것은 전체와의 조화이다. 기쁠 때는 다른 이의 슬픔을 생각하고, 이익이 날 때는 다른 이의 손해를 생각하는 자타를 원융하는 삶, 즉 온 우주 만상이 한 몸이요 한 생명이라는 보다 넓은 인생관 정립이 요청된다.

3. 제3의 눈을 가지라

그대의 앞은 눈으로 보고 그대의 뒤는 생각으로 살펴라.

鑑 銘

見爾前, 慮爾後.

무왕武王의 거울 위에 새긴 명

【해 설】

　　육체의 눈에 보이는 것만이 존재의 실상은 아니다. 존재의 실상은 겉으로 드러나 있는 모양이나, 소리, 색을 넘어선 적멸의 여여如如한 자리에 놓여 있다. 그렇다고 해서 겉으로 드러난 형상에는 아무런 의미도 없다는 것은 아니다. 천태학天台學에서는 어떤 존재의 시시각각 변화하는 겉모습을 가假라 하고, 변화하는 겉모습 배후의 변함없는 일여一如의 적정평등寂靜平等한 모습을 공空이라 칭하고, 이 둘의 모습을 동시에 비추어 보고 원융하는 것을 중中이라 한다. 바로 이 중의 자리에 서서 사물을 바라볼 때 비로소 사물의 진상이 드러난다. 그래서 육안肉眼으로 앞에 있는 사물의 현재 드러난 모습을 보고(假), 사유의 힘으로 사물 배후의 평등하고 여여한 본체를 보고(空), 이 둘을 종합하여 사물의 진상을 파악해 간다(中).

4. 사람에 빠지지 말라

사람에 빠지는 것보다는 차라리 연못에 빠지는 편이 낫다. 연 못에 빠지면 헤엄이라도 쳐서 나올 수 있지만, 사람에게 빠지면 도저히 빠져나올 길이 없다.

盤銘
與其溺於人也, 寧溺於淵. 溺於淵猶可游, 溺於人不可捄也.

무왕武王의 세숫대야에 새긴 명

【해 설】

세상에서 가장 무서운 장막은 철鐵의 장막도, 죽竹의 장막도 아닌, 인人의 장막이다. 철의 장막은 녹여 낼 수 있고, 죽의 장막은 베어 낼 수 있지만, 사람의 장막에 가려지면 장막 자체가 보이지 않으므로 걸 어 낼 마음조차 내지 못한다.

역대 수많은 혁명가들이 처음에는 정의로운 사회 개혁에 착수한다. 하지만 시간이 흐를수록 아첨하는 소인배들의 달콤한 인人의 장막에 가려서 원래의 원대한 꿈은 수포로 돌아가고 종국에는 후회와 한탄 속에서 생애를 마감하고 만다.

그래서 옛 사람들은 '사랑하되 사랑에 빠지지 말고, 미워하되 미움에 빠지지 말고, 재산을 모으되 재산에 빠지지 말고, 명예를 추구하되 명예에 빠지지 말고, 언제라도 원래의 빈자리로 돌아갈 수 있는 여백의 마음을 지녀라'고 했다. 이를 두고 '머문 바 없이 마음을 내라'고 하고, '그물에 걸리지 않는 바람처럼 나아가라'고 한다.

5. 서리가 내리면 긴 겨울을 대비하라

잔혹함이 멀리 있다고 말하지 말라. 장차 그 화가 미칠라. 해
로움이 멀리 있다고 말하지 말라. 장차 그 화가 커질라. 손상이
멀리 있다고 말하지 말라. 장차 그 화가 늘어날라.

楹 銘

毋曰胡殘, 其禍將然. 毋曰胡害, 其禍將大. 毋曰胡傷, 其禍
將長.

무왕武王의 기둥 위에 새긴 명

【해 설】

잔혹함이 아직 멀리 있다고 대비하지 않으면 반드시 그 재앙이 미
치고, 해로움이 아직 적다고 해서 그대로 내버려 두면 그 재앙이 더욱
커져 가고, 손상이 문제시될 것까지 없다고 해서 그대로 방치해 두면
그 재앙이 반드시 늘어난다.

그러므로 항상 "서리를 밟으면 장차 굳은 얼음의 계절이 다가옴을
안다"라는 『주역』의 말처럼 유비무환의 자세로 마치 살얼음판 위로
걸어가듯 조심조심 미리미리 대비해 가야 한다.

일찍이 맹자는 '군자삼락君子三樂'으로 부모가 살아계시고 형제가

무고無故한 것을 일락一樂으로 삼고, 하늘을 우러러보고 땅을 굽어보아도 부끄러움이 없는 것을 이락二樂으로 삼고, 천하의 영재를 얻어 교육함을 삼락三樂으로 삼았다. 여기에 위에서 언급한 잔혹함이 멀리 있다고 말하지 말고, 해로움이 멀리 있다고 말하지 말고, 손상이 멀리 있다고 말하지 말라를 '군자삼무君子三毋'로 첨가하면 즐거움 가운데 경계하고 경계하는 가운데 즐거움을 누려가는 보다 여유로운 삶이 전개될 것이다.

6. 어느 것에도 얽매이지 말라

아! 분한 마음에 얽매이면 위태롭고, 즐기고 좋아하는 일에만 빠지면 도를 잃고, 부귀에만 빠지면 서로의 정리情理를 잃는다.

杖 銘

於乎, 危於忿疐. 於乎, 失道於嗜欲. 於乎, 相忘於富貴.

무왕武王의 지팡이 위에 새긴 명

【해 설】

분하고 원통한 생각에 사로잡히면 우선 자신부터 다치고, 지나친 쾌락에 빠지면 삶의 진리를 추구하는 도의 생활과는 거리가 멀어지고, 재물과 높은 자리에 연연하면 사람들 사이의 정분과 의리를 잃게 된다. 그러므로 항상 중中의 자리에서 경敬의 자세로 일관하는 삶의 태도야말로 올바른 자세이다.

7. 보이기 전에 보고, 들리기 전에 들으라

　삼가고 삼가라. 말을 많이 하지 말고 일을 많이 도모하지 말라. 말이 많으면 실수가 잦고, 일이 많으면 해가 많은 법이니라. 편하고 즐거울 때 반드시 경계하라. 그렇지 않으면 후회할 일이 생기느니라. 해로움을 말하지도 말라. 장차 그 화가 늘어날까 두려우니라. 직접 듣지 못한 일은 말하지도 말라. 귀신이 엿보고 있느니라. 불꽃이 일어날 때 당장 끄지 않으면 불길이 삽시간에 솟아올라 더 이상 어쩔 수 없는 지경에 이르고 마느니라. 한 방울 물이 새어 나올 때 막지 않으면 끝내 강물이 되어 걷잡을 수 없게 되고, 한 올의 실이 이어지면 마침내 그물이 되어 몸을 묶게 되고, 털끝만 한 초목이라도 미리 뽑지 않으면 마침내 도끼 자루가 되어 사람을 해치게 되니 미리 조심하고 경계할지어다. 사전에 경계하고 조심하는 것이 모든 복의 근본이니라.

　입이란 무엇인가. 모든 손상과 재앙이 드나드는 문이니라. 고집 세고 힘센 사람은 제 명에 죽지 못하고, 남을 이기기를 좋아하는 사람은 반드시 적수를 만나며, 도둑은 주인을 미워하고, 백성은 그들의 윗사람을 원망하느니라. 군자는 천하 위에 군림할 수 없음을 알고 있으므로 스스로를 낮추고, 백성보다 앞설 수 없음을 알고 있으므로 스스로 뒤에 서느니라. 강과 바다는 비록 낮은 곳에 있지만 스스로 낮기 때문에 백 줄기 개울보다 더 길고 넓게 이어져 가느니라.

천도天道는 비록 사사로이 친하고 멀리함이 없지만 언제나 선한 사람 편을 드느니라. 삼가고 삼갈지어다.

金人銘

戒之哉. 無多言, 無多事. 多言多敗, 多事多害. 安樂必誡, 無行所悔. 勿謂何傷, 其禍將長. 勿謂何害, 其禍將大. 勿謂不聞, 神將伺人. 焰焰弗滅, 炎炎若何. 涓涓不壅, 終爲江河. 綿綿不絶, 惑成網羅. 毫末不札, 將尋斧柯. 誠能愼之, 福之根也. 口是何, 傷禍之門也. 强梁者不得其死. 好勝者必遇其敵, 盜憎主人, 民怨其上. 君子知天下之不可上也, 故下之. 知衆人之不可先也, 故後之. 江海雖在下, 長於百川以其卑也. 天道無親, 常與善人. 戒之哉, 戒之哉.

주왕조周王朝 종묘 앞 금인 위에 새긴 명

【해 설】

위의 글은 주왕조 종묘 앞의 쇠로 만든 인물상 위에 새겨놓은 명문銘文으로, 사전에 조심하고 경계할 것을 주지시키는 내용이다. 군자는 사물의 기미를 미리 알아차리고, 보이기 전에 보고, 들리기 전에 듣고, 일이 발생하기 전에 수습한다. 그러므로 겉으로 보기에는 아무 것도 행하는 것이 없어 보이지만, 사실은 철저한 성찰과 대비로 보이지 않는 곳에서 미리 조율하여 문제를 해결해 간다. 이를 두고 무위無爲의 치治라고 일컫는다.

그리고 비록 제왕이라도 가볍게 입을 열어서는 안 되며 또한 신하의 말을 액면 그대로 쉽게 믿어서도 아니 된다. 항상 자신 내면의 수양과 성찰을 토대로 중中의 자세에서 크고 작은 일들을 스스로 판단해야 한다. 퇴계 선생은 『자성록』 서문에서 "군자는 말을 함부로 하지 않는다. 왜냐하면 혹시 거기에 상응하는 실천이 따르지 않을까를 두려워하기 때문이다"라고 했다. 그러므로 입이라는 것은 잘못 사용하면 만 가지 재앙의 출구가 되고, 귀도 또한 잘못 들으면 만 가지 어리석음의 근원이 된다.

다음은 항상 겸손한 마음을 견지하는 일이다. 저 우뚝 솟은 산봉우리는 물 한 방울 간직할 수 없지만 저 낮은 계곡은 백 갈래 천 갈래의 물을 모아 개울을 형성하고 강을 형성하고 마침내 바다로 이어진다. 도가道家에서는 이를 두고 '상덕약곡上德若谷', 또는 '지선여수至善如水'라 하였으며, 또 원효는 겸손한 마음을 '하심下心'이라 하고 이 하심보다 더 자기를 낮추고 겸양하는 마음을 아래 '하下'자의 아래 부분인 '복卜'자를 따서 '복성卜性'이라 칭하고 이를 자신의 호로 삼았다.

8. 한발 물러나 세상을 관조하라

남의 단점을 말하지 말고 자기의 장점도 말하지 말며, 남에게 베푼 것은 조금도 생각에 남기지 말고 남으로부터 은혜를 입은 것은 결코 잊지 말라.

세상의 명예는 부러워할 것이 못되니 여기서 벗어나, 오직 인仁함으로 생의 바탕을 삼고 은자隱者의 마음으로 한걸음 물러나 조용히 지내라. 이렇게 하면 어찌 남의 비방과 헐뜯음이 내 몸에 상처를 가할 수 있겠는가.

이름이 실제보다 지나치게 드러나게 하지 말고, 성인께서 감추어 둔 마음의 보물을 어리석을 정도로 지켜 가며, 검은 무리 가운데서 검게 물들지 않음을 귀하게 여기고, 비록 겉으로 드러나지는 않지만 마음속에 항상 밝은 광명을 품고 다녀라. 부드럽고 약함이야말로 생명의 특성이니, 노자老子는 특히 지나치게 강함을 경계하였다.

座右銘

無道人之短, 無說己之長. 施人而勿念, 受施愼勿忘. 世譽不足慕, 惟仁爲紀綱, 隱心而後動, 謗議庸何傷. 無使名過實,

守愚聖所臧. 在涅貴不緇, 曖曖內舍光. 柔弱生之徒, 老氏戒
剛强.

최원崔瑗의 좌우명

【해 설】

항상 남의 좋은 점과 밝은 점을 격려하고 신장시켜서 나쁜 점과
어두운 점을 없애게 하고, 꽉 쥔 손으로 꾸짖기보다는 활짝 편 손으로
너그럽게 덮어 주고 어루만져 잘못된 점을 고쳐 나간다. 남에게 베푼
은혜는 마치 휴지통에 던져 버린 물건을 뒤지지 않듯이 두 번 다시
생각지도 말며, 반대로 남으로부터 받은 은혜는 아무리 작아도 잊지
말고 이에 감사하며 여기에 보답할 것을 마음에 새겨야 한다.

내 스스로 세상의 물욕에서 한걸음 물러나 바른 도리를 지켜 나가
니 어찌 세상의 하루살이 같은 부질없는 비방들이 나를 흔들리게 할
수 있겠는가.

실제 자신의 능력보다 이름이 과대하게 알려져 있거나 지나치게
높은 지위에 앉아 있다면, 자리에서 물러나거나 끊임없는 수행을 통해
그 자리에 합당한 자신의 역량을 길러 가고 덕을 함양해 가야 한다.
그렇지 않으면 낮에는 비록 권세와 위압으로 그런대로 지낼 수 있지
만, 밤에는 뭇 세인들의 웃음거리가 되고 만다.

생명의 특성은 연약하고 부드러운 것이고, 죽음의 특성은 굳고 단
단한 것이다. 갓난애와 갓 돋아난 풀은 연약하고 부드럽고 유연하다.
그러나 시체와 죽은 나무등걸은 단단히 굳어 있다. 그러므로 우리의
사고가 항상 유연하고 남의 입장을 잘 이해하고 따스한 인정의 샘이
끊임없이 솟아난다면 이것은 바로 싱싱한 밝은 생명의 무한한 지속의
암시이고, 반대로 우리의 사고가 경직되어 항상 자기 고집에만 빠져
있고 이웃의 아픔이 자신의 아픔으로 다가오지 않고 인정의 샘이 메
말라 있다면 이는 곧 자신에게 죽음이 가까이 와 있다는 경고이다.

1. 꽃 속을 거닐되 정을 주지 말라

높이 솟은 수십 칸의 호화 저택은 사람의 본바탕을 흐리게 하고, 보석 따위로 지나치게 집을 치장하면 사람의 정신을 혼란스럽게 한다. 지나치게 맛에 끌리면 재앙을 부르고, 미색에 끌리면 몸을 위태롭게 하고, 지나치게 높은 자리만 추구하면 오히려 떨어지고, 지나치게 재물욕에 빠지면 오히려 가난해진다.

정서를 한가롭게 하고 욕심을 버리는 것은 노자께서 귀하게 여기신 것이고, 주나라 사당에 새겨져 있는 글은 공자께서 평생 소중히 여기신 것이다. 입을 단단히 지켜 사람을 잃지 않도록 조심하고, 시대의 흐름에 따라 세속에 묻혀 살되 분명하지 않은 것은 전하지 말고, 남의 잘못은 듣지 말며, 음흉한 귓속말을 삼가며, 혼자 있을 때는 여러 사람과 함께 있는 듯이 몸가짐을 바르게 하라. 복을 앞세워 화를 자초하지 말고, 세속에 묻혀 있으면서도 타고난 천리天理를 잘 지켜 인간의 정도正道를 따르며, 항상 깊은 물가를 걷는 듯 깨어 있는 마음으로 신중히 나아가라.

座右銘

重階連棟, 必濁汝眞, 金寶蒙屋, 將亂汝神. 厚味來殃, 艶色
危身, 求高反墜, 務厚更貧. 閑情塞欲, 老氏所珍, 周廟之銘,
仲尼是遵. 審愼汝口, 戒無失人. 從容順時, 和光同塵, 無謂
冥漠, 人不汝聞, 無謂幽冥, 處獨若羣. 不爲福先, 不與禍隣,
守玄執素, 無亂大倫, 常若臨深, 終始惟新.

위하란魏下蘭의 좌우명

【해 설】

　마음이 머무는 곳이 몸이고, 몸이 머무는 곳이 집이다. 집의 주인
은 몸이요, 몸의 주인은 마음이다. 그런데도 몸을 더 중히 여겨 마음
을 시들게 하고, 집을 더 중히 여겨 몸을 병들게 한다면 이것은 분명
히 주객이 전도된 어리석은 짓이다.

　한 몸이 편안히 쉴 수 있으면 집은 집으로서의 역할을 다하고, 한
마음이 편안히 작용할 수 있으면 몸은 몸으로서의 역할을 다한다. 그
러므로 지나치게 본질과 중도에서 벗어나 겉치레에 치중하게 되면 몸
을 망치고 마음을 망치고 마침내 한 생을 헛되이 망치고 만다.

　항상 겉치레와 물욕, 색욕, 명예욕에서 벗어나, 마치 마음을 푸른
솔 푸른 하늘 위의 백학처럼 자유롭게 풀어놓고 유유자적해야만 비로
소 여태 눌려 있었던 생의 묘광妙光이 훤히 드러난다. 그리고 여러 사
람과 함께 있을 때는 변덕스러운 자신의 마음을 잘 다스려야 한다.

　세속에 있되 세속에 물들지 않는 삶은 ―마치 연꽃이 진흙탕 속에
뿌리를 두고 있되 그 꽃은 수면 위에 떠서 항상 청정함을 지켜 가듯
이― 원력을 향해 정진하는 수행자 같은 삶을 말한다.

10. 뜬구름에 지조를 팔지 말라

많은 재물과 높은 신분을 부러워하지 말고, 낮은 신분과 빈궁함을 근심하지 말며, 오직 스스로 마음의 도道가 어느 정도인지만 묻는다면, 신분의 고하高下가 어찌 문제가 되겠는가?

남의 비방을 듣고도 근심하거나 두려워하지 않고, 칭찬함을 들어도 기뻐하지 않으며, 오직 자신의 행실의 올바름만 추구해 간다면, 뜬구름 같은 명예의 오르내림이야 어찌 논할 가치가 있겠는가?

오만한 생각으로 남을 업신여기지 말고, 뭇 사람들의 비방에 개의치 말며, 색色으로써 일을 구하지 말고, 오직 스스로 몸을 자중해 가라.

집을 나서서 길을 떠날 때는 삿된 사람들과 동행하지 말고, 집에 와서는 도리에 맞는 사람들과 이웃해라. 이 가운데 취하고 버릴 것이 있을 뿐이지 따로 사람을 멀리하고 가까이할 것은 아니다.

바깥 몸가짐을 바르게 닦아서 내면의 심성心性을 중화中和의 도리에 맞게 하고, 또한 내심을 수행하여 그 덕향이 바깥 행실에까지 미치게 하여 한 동작 한 동작마다 의義와 인仁이 스며들게 하라.

천릿길도 한 걸음부터 시작되고 높은 산도 한 알의 흙이 쌓여 이룩되듯이, 인간의 도道도 조그만 것에서부터 시작된다. 도를 행함에는 나날이 스스로 새로워짐을 귀하게 여길 뿐, 감히 남을 규제하는 따위는 결코 마음에 두지 말라.

큰 띠에 이 글을 써 놓고 종신토록 지키며 힘쓰다가 죽은 뒤에는 이 띠를 후손에게 전해 줄 것이다. 만약 나의 후손으로서 이 글에 어긋나는 행동을 하면 이는 분명 나의 후손이 아니다.

座右銘

勿慕富與貴, 勿憂賤與貧, 自問道何如, 貴賤安足云. 聞毀勿戚戚, 聞譽勿欣欣, 自顧行何如, 毀譽安足論. 無以意傲物, 以遠辱於人, 無以色求事, 以自重其身. 遊與邪分歧, 居與正爲隣. 於中有取舍, 此外無疎親. 修外以及內, 靜養和與眞, 養內不遺外, 動率義與仁. 千里始足下, 高山起微塵, 吾道亦如此. 行之貴日新, 不敢規他人. 聊自書諸紳, 終身且自勉, 身歿貽後昆. 後昆苟反是, 非我之子孫.

백거이白居易의 좌우명

【해 설】

뜬구름 같은 일시적인 빈부, 귀천, 명예 따위에서 벗어나 오로지 자신의 마음의 수행 정도가 어느 정도 익어 가고 있는지에만 관심을 가진다면 남의 일시적인 비방이나 신분의 고하나 명예의 유무 따위가 무슨 소용이 있겠는가.

항상 어진 이와 동행하여 인仁의 싹을 길러 가고 바른 가치관을 지닌 이와 벗하여 생의 정도正道를 따라 묵묵히 걸어가며 '경이직내敬以直內 의이방외義以方外'의 자세로 항상 몸과 마음을 닦아 가면, 종국에는 내외명철內外明徹한 훈훈한 덕향德香의 자리에 오를 수가 있다. 작은 흙 알갱이 하나하나가 모여 태산을 이루고, 작은 걸음 하나하나가 쌓여 천릿길을 이루듯이, 강물처럼 쉼 없이 흘러가는 자세야말로 수행의 올바른 자세이다. 도를 닦는다는 것은 스스로를 경책하고 스스로를 새롭게 만들어 가는 과정이지, 결코 자랑하거나 남을 훈계하거나 규제하기 위한 것은 아니다.

자손에게는 많은 재산보다 인생의 바른 길을 인도해 주는 성현의 말씀 한 구절이 더욱 긴요하다. 비록 내 자손이 나의 피와 뼈를 받았을지라도 그 마음자리가 나와 동떨어져서 삿된 길을 걷는다면 이를 어찌 나의 자손이라 일컬을 수 있겠는가?

11. 모난 면을 둥글게 다듬으라

단점을 감싸면 단점은 끝까지 단점으로 남고, 장점을 자랑하면 장점은 끝까지 장점으로 유지되지 않는다.

남의 허물을 찾기보다는 나의 허물을 먼저 살피고, 둥그런 장점에 안주하기보다는 모난 단점을 살피고 고치는 편이 낫다. 어리석은 듯 자중하면 천하 사람들이 그대의 총명함을 헐뜯지 않고, 하심으로 겸손하면 천하 사람들이 그대의 강함을 다투지 않는다. 노자께서는 말이 많음을 경계하셨고, 공자께서는 말의 절제를 사랑하셨다.

함부로 행하면 후회함이 따르니 고요히 근본을 지키는 것보다 못하고, 지나치게 강경하면 부러지기 쉬우니 부드럽고 온유한 것보다 못하다. 나아가기만 하고 그칠 줄 모르면 실패하기 쉽고, 물러나 스스로 자족하면 패망하는 법이 없다. 선한 행동을 거듭하면 군자의 나라에 노닐고, 악한 행동을 거듭하면 소인의 나라로 추락한다.

이제 큰 띠에 이 글을 써서 스스로 깨우치고, 세숫대야나 사발에 새겨서 허물을 방지하고자 하며, 아울러 자리 오른쪽에 오래도록 간직하여 아침저녁으로 이 글을 읽어 종신토록 잊지 않고자 한다.

續 座 右 銘

短不可護, 護則終短. 長不可矜, 矜則不長. 尤人不如尤己,
好圓不如好方. 用晦則天下莫與汝爭, 智撝謙則天下莫與汝
爭强. 多言者老氏所戒欲, 訥者仲尼所臧. 妄動有悔, 何如静
而不動. 大剛則折, 何如柔而勿剛. 吾見進而不已者敗, 未見
退而自足者亡. 爲善則遊君子之域, 爲惡則入小人之鄉. 吾將
書紳帶以自警, 刻盤盂而過防, 豈如長存於座右庶夙夜之不
忘.

이지李至의 좌우명

【해 설】

단점을 단점으로 인정하는 순간 그 단점은 부단한 노력으로 고칠
수가 있지만, 그 단점을 혹시 남의 눈에 보일까 숨기고 감추기만 하면
그 단점은 끝까지 단점으로 남는다. 그리고 장점도 자만심에 빠지는
순간 더 이상 장점이 되지 못한다.

남의 허물을 찾는 것은 이미 내 마음속에 그런 류의 잠재된 씨앗
이 있기 때문에 내 마음의 반영으로 그런 허물이 보인다. 그러므로 근
본 처소에 고요히 앉아 내 마음의 거울을 닦는 것이 최선이다. 착한
행동의 한 걸음은 보잘것없지만 이것이 쌓이고 쌓여 선한 세계를 이
루어 마음의 극락정토가 이룩되고, 악한 행동의 한 걸음은 보잘것없지
만 이것이 쌓이고 쌓여 악한 세계를 이루어 마음의 지옥세계가 펼쳐
진다. 그러니 어찌 행동 하나하나를 조심하지 않겠는가? 스스로 허물
을 고쳐 나의 일심이 청정해지면 내 주위가 청정해지고, 내 주위가 청
정해지면 온 천지가 청정해진다. 그래서 중국의 한산자寒山子는 '심월
자정명心月自精明 만상하능비萬象何能比' 즉 '내 마음의 달이 스스로 맑
고 밝으면 세상에 이것보다 더 큰 즐거움이 없다'고 읊었다.

12. 신선이 깃들어 명산이 되게 하라

산이 높지 않아도 신선이 살면 이름이 나고, 물이 깊지 않아도 용이 살면 신령스럽게 된다.

이곳은 비록 누추한 방이나 내 인품의 향기가 스며 있다. 이끼는 계단 위로 군데군데 푸르고, 풀색은 늘어뜨린 발 사이로 파랗다. 큰 선비가 도를 논하고 막된 사람의 왕래가 없으니, 거문고를 타고 고귀한 경전을 펼칠 만하다. 여러 가지 현란한 악기의 어지러움이 없고 공문서나 편지에 시달림도 없으니, 남양 제갈공명의 초가집이요 서촉의 자운정子雲亭이다. 공자께서는 "군자가 거하니 어찌 누추함이 있겠는가?"라고 반문하셨다.

陋室銘

山不在高, 有僊則名. 水不在深, 有龍則靈. 斯是陋室, 惟吾德馨. 苔痕上階, 綠草色入簾靑. 談笑有鴻儒, 往來無白丁, 可以調素琴閱金經. 無絲竹之亂耳, 無案牘之勞形, 南陽諸葛廬, 西蜀子雲亭. 孔子云, 何陋之有.

유우석劉禹錫의 누실명

【해 설】

　산은 높이로 판단되는 것이 아니고, 물은 깊이로 판단되는 것이 아니며, 사람은 드러난 겉모습으로 판단되는 것이 아니다. 산에 신선이 살면 영산이 되고, 물에 용이 살면 용담이 되며, 몸에 성현聖賢의 마음이 깃들면 성현이 된다. 나라에는 귀천이 없으니, 마음자리가 귀한 사람이 모이면 귀한 나라가 되고, 마음자리가 천한 사람이 모이면 천한 나라가 된다.

　이같이 원래 처소 그 자체는 선악이 없다. 그곳에 머무는 사람이 선하면 선한 자리가 되고, 악한 사람이 머물면 악한 자리가 된다. 석가모니 부처님이 성도하셨을 때 부처님 주변의 그 척박하고 메마른 땅이 온갖 눈부신 빛과 아름다운 연꽃으로 뒤덮인 정토로 바뀌었다. 조직체도 사회도 국가도 마찬가지다. 그 구성원 한 명 한 명이 청정하고 밝을 때는 청정하고 밝은 조직체가 전개되고, 그 구성원 한 명 한 명이 탁하고 어두울 때는 탁하고 어두운 조직체가 된다. 또한 개인의 소지품도 마찬가지다. 낡은 책장과 빛바랜 책도 맑은 영혼과 소담한 꿈을 지닌 여인의 손길이 닿으면 언제나 시골길 들국화 같은 신선한 향기를 자아낸다.

13. 물그릇을 바로잡아 달을 키우라

물그릇에 가득 담긴 물은 움직임이 없으면 평편하고, 평편한
뒤에야 맑아지고, 맑아진 뒤에야 밝아진다. 조금이라도 기울어
지면 쏟아지고, 쏟아지고 나면 다시 거둘 수가 없으니, 여태까
지 이루어 놓은 것들은 헛된 공으로 돌아가고 만다. 아! 만사가
이러하니 어찌 조심조심 받들고 삼가지 않으리요.

槃水銘

槃水之盈, 止之則平, 平而後清, 清而後明. 勿使小欹, 小欹
則傾, 傾不可收用, 毁其成. 嗚呼奉之可不兢兢.

사마광司馬光의 반수명

【해 설】

우리의 마음은 물과 같고, 우리의 몸은 물을 담은 그릇과 같다. 그
릇이 바르게 안정되어야 물이 고요해지고, 물이 고요해진 후에야 하늘
의 밝은 진리의 달이 수면 위로 떠오른다. 마찬가지로 외형적인 행동
거지가 우선 반듯해야 마음이 고요해지고, 마음이 고요해진 후에야 지
혜의 빛이 드러난다.

14. 묵은 표주박으로 도를 마시라

명아주 잎, 콩잎, 베 이불(布衾) 등 거친 음식과 거친 이불이 오히려 달고 따스하며, 인륜 도덕의 가르침이 오히려 즐겁다. 도덕과 정의를 존중하고 구하기가 오히려 쉽고 이를 지켜 가면 언제나 평안하다.

반면에 비단으로 수놓은 옷으로 사치하고 산해진미로 배불리 먹으며 권세와 총애를 구하고 명예와 이익을 좇아 눈코 뜰 새 없이 동분서주하는 일은 구하기도 어렵거니와 오히려 괴롭고 스스로를 위험과 재앙의 구렁텅이에 빠뜨리는 일이다.

이같이 어려움을 버리고 쉬움을 취하며 위험을 멀리하고 평안함을 이루는 것이 소극적이고 어리석은 것 같지만 사실은 지혜로운 일이다. 선비로서 어찌 이 길을 마다하겠는가?

안연은 대광주리와 표주박으로도 즐거움을 찾아서 천대 만대 스승의 모범이 되었고, 주왕紂王은 옥으로 만든 화려한 누대에 살았지만 죽어서는 한낱 필부로 전락하고 말았다. 군자는 검소함으로써 덕을 삼고, 소인은 사치함으로써 몸을 망친다. 그런즉 이불이 누추하다 하여 이를 어찌 소홀히 할 수 있겠는가?

司馬公　布衾銘

藜藿之甘, 綈布之溫, 名敎之樂. 德義之尊, 求之孔易, 享之常安. 錦繡之奢, 膏粱之珍, 權寵之盛, 利慾之繁, 苦難其得, 危辱旋臻. 舍難取易, 去危就安, 至愚且知. 士寧不然. 顔樂簞瓢, 萬世師模, 紂居瓊臺, 死爲獨夫. 君子以儉爲德, 小人以侈喪軀. 然則斯衾之陋, 其可忽諸.

범순인范純仁의 사마공 포금명

【해 설】

우리 범부들은 허상에 사로잡혀 부질없는 오욕五欲, 즉 식욕, 색욕, 물욕, 명예욕, 수면욕에 빠져 삶의 바른 길이 무엇인지도 모른 채 한 세상 다 보내고 만다. 한정된 물질과 자리를 서로 소유하려고 싸워대다가 의리를 상하고, 마음을 상하고, 마침내 몸마저 상하고 만다. 그러나 무한히 솟아나는 도와 사랑과 정은 아무리 많은 사람이 가져가도 다함이 없다.

그러므로 군자는 일시적인 육체를 위하기보다는 영원한 마음을 위해 때로는 눈멀고 귀먹고 벙어리 되어, 그물에 걸리지 않는 바람처럼, 소리에 놀라지 않는 사자처럼, 무소의 뿔처럼 오직 한길로 나아간다. 그 한길은 곧 도의 길이요, 삶의 의미를 추구하는 영원한 수행자의 길이다.

15. 숲 속의 못난 통나무가 되라

띠는 심을 수도 있고, 술을 거를 수도 있고, 자리에 깔 수도 있고, 점괘를 만들 수도 있고, 물건을 싸고 묶을 수도 있다. 그리고 그 성질이 굳세고 단단하면서도 깨끗하여 마치 군자의 성품과 같으므로 옛 궁궐의 집들은 띠로 꼰 새끼줄로 나무를 얽어매어 지었다. 당시 소박한 흙계단으로 쌓아올린 사당은 한가롭고 맑고 엄숙하였다. 제후는 그 지방의 사직 등 행정을 맡고 농민은 새끼를 꼬아 지붕을 이어서, 상하上下가 하나같이 서로 검소하여 쉽게 만족하였으며 또한 검소함 그 자체를 드러내어 자랑하지도 않았다.

띠의 덕성을 돌이켜 살펴보면, 『주역』의 태괘泰卦에서는 양陽을 상징하고, 『시경』에서는 옥에 비유하였다. 기와집과 초가집의 소박한 규모는 『주례周禮』의 「고공기考工記」에 기록되어 있다. 그러나 세월이 흐를수록 그 소박함은 없어지고 오히려 사치스러움이 그 자리를 대신하고, 바르고 굳셈은 없어지고 오히려 사사로운 욕심이 그 자리를 대신하게 되었다. 그러나 송나라 태조의 집이나, 간천澗泉의 외양이나, 장천章泉의 시에는 옛 도리의 향기가 여실히 남아 있다. 글을 보면 그 가르침을 알게 될 것이니, 나는 이제 그 내용을 글로 새겨 길이길이 지니고자 한다.

茅齋銘

茅之爲物, 可植可茜, 可籍可鼎, 可包可束. 堅剛潔白, 君子
之屬, 肆古宮室, 編茅架木. 土階簡簡, 淸廟肅肅. 候直分社,
農綯乘屋, 上下同然, 儉而易足, 匪惟著儉. 抑亦觀德, 於泰
象陽, 於詩比玉. 瓦葺之分, 考工所錄. 迨其流弊, 文題刻桷,
去潔尙華, 損剛從欲. 趙君之居, 澗泉之目, 章泉之詩, 古義
是篤. 睹名知訓, 我銘維服.

위요옹魏了翁의 띳집에 새긴 명

【해 설】

　'띠'라는 풀은 여러 용도로 쓰이며, 강직하고 소박하고 순수한 모
습은 마치 군자의 성품을 방불케 한다. 옛적에는 군주와 백성들이 소
박하고 검소하여서 작은 일에도 감사하고 만족할 줄 알았는데, 시간이
흐를수록 군주와 백성들의 욕망은 걷잡을 수 없이 치솟아 재물욕과
사치욕에 빠져 그 순박하고 선한 본마음을 잃고 말았다.

　그래서 욕심이 적은 것을 최고의 보물로 삼고, 숲 속의 한가로이
누워 있는 못생긴 통나무를 닮아 가며 소박한 모습으로 늙어 가고자,
띠의 순박하고 강직한 덕성을 글로 새겨 두고 이를 실천하고자 다짐
한다.

　노인은 나이 많음 그 자체만으로도 공경 받을 수 있지만, 그것만
갖고 스스로 우러나오는 존경을 받기에는 부족하다. 노인이 흘러가는
세월과 더불어 자기 스스로 심을 닦는 수행이 무르익어 그윽한 향기
를 은은히 자아낼 때, 효 사상이니 경로 사상이니 따위를 부르짖지 않
아도 주위의 젊은이들은 스스로 고개를 숙이고 공경하며 그들 인생의
조언자로 기꺼이 받아들인다. 이런 면에서 띠와 같은 덕성을 지닌 인
격체로 늙어 가겠다는 다짐은 정녕 자신의 삶을 아끼고 사랑하는 올
곧은 이들의 의연한 삶의 태도라 하겠다.

16. 때로 장님과 벙어리가 되라

첫째, 나라 일의 이롭고 해로움이나, 변방의 소식이나, 사신의 임명에 대해서는 말하지 않는다.

둘째, 지방 관원의 장단점이나 득실을 말하지 않는다.

셋째, 여러 사람이 지은 허물과 악행을 말하지 않는다.

넷째, 관직이나 벼슬살이에 나아가서 시류를 좇고 세도에 발붙이는 저급한 일 따위는 말하지 않는다.

다섯째, 물질적 이익의 많고 적음이나, 가난함을 싫어하고 부유함을 구하는 일은 말하지 않는다.

여섯째, 음란하고 문란한 말이나, 희롱하거나 거만한 말이나, 여색을 평하는 말은 하지 않는다.

일곱째, 술 음식 사람 물건 등을 탐하는 말은 하지 않는다.

다시 여기에 아래의 일곱 가지를 더 첨가한다.

첫째, 남에게 편지를 보낼 때는 반드시 봉함을 확인하고 여러 통의 편지가 한꺼번에 겹치지 않도록 한다.

둘째, 여러 사람과 둘러앉아 남의 사사로운 편지 등을 몰래 보지 않는다.

셋째, 남의 집에 들어가서는 남의 글을 훔쳐보지 않는다.

넷째, 남의 물건을 빌려서 손상을 입히거나 돌려주지 않는 일이 없도록 한다.

다섯째, 먹고 마실 때에는 가려서 먹거나 입맛에 따라 취하고 버리는 일을 하지 않는다.

여섯째, 남과 한자리에 있을 때는 자신만의 편함과 이로움을 꾀하지 않는다.

일곱째, 남의 부귀함을 보고서 한탄하거나 부러워하거나 시기하는 일은 하지 않는다.

위의 사항들을 자주 범하는 사람은 아직 그 마음의 씀씀이가 둥글고 넓지 못하다. 위의 못난 행동들은 마음을 보존하고 몸을 수양하는 데 크게 방해가 되므로, 이에 글로 써서 곁에 두고 스스로를 경계하고자 한다.

座右銘

一, 不言朝廷利害邊報差除. 二, 不言州縣官員長短得失. 三, 不言衆人所作過惡. 四, 不言仕進官職趨時附勢. 五, 不言財利多少厭貧求富. 六, 不言淫媒戲慢評論女色. 七, 不言求覓人物干索酒食.

又曰, 一, 與人附書, 不可開拆沈滯. 二, 與人並坐, 不可窺人私書. 三, 凡入人家, 不可看人文字. 四, 凡借人物, 不可損壞不還. 五, 凡喫飲食, 不可揀擇去取. 六, 與人同處, 不可自擇便利. 七, 見人富貴, 不可歎羨詆毁. 凡此數事有犯之者, 足以見用意之不廣, 於存心修身, 大有所害, 因書以自警.

범익겸范益謙의 좌우명

【해 설】

오늘날 시각에서 보자면 위정자들의 잘못된 행동을 과감히 들추어

내어 비판하고 거기에 상응하는 형벌을 받도록 하는 것은 마땅하다. 그러나 자신의 허물은 고치지 못한 채 남의 허물만 질책하며 비판하는 것도 문제는 있다. 우선 자신의 마음을 말끔히 닦은 후 맑고 순수한 눈으로 남의 잘못을 보고 바른 길로 인도하는 태도가 바람직할 것이다.

그리고 어느 사람의 특정한 한때의 잘못을 그 사람의 변함없는 전체 모습인 양 고착시켜 버리는 태도도 문제는 있다. 이 세상의 모든 존재는 시시각각 변화해 간다. 그대로 고정된 것은 하나도 없다. 그러므로 어떤 사람을 특정 공간과 시간 속의 특정한 모습으로 화석화시켜 이 모습 그대로의 고정된 이미지로 영원히 낙인찍어 버린다면 이것보다 더 큰 죄는 없다.

그러므로 우리는 우리뿐만 아니라 우리 주변의 사람들도 지금보다는 더 선해지고, 향상되고, 아름다워지고, 덕이 있는 존재로 변화되고 있다고 보고, 믿고, 생각하며, 살아가야 한다. 인생 70세가 그렇게 오랜 세월은 아니다. 철들자 20대요, 결혼하여 정들고 아이 낳다 보면 30대요, 직장에 자리 잡고 집 장만하다 보면 40대요, 자녀 대학 보내고 시집 장가 걱정하다 보면 50대요, 직장 정년 문제와 퇴직 후의 생활 등에 고민하다 보면 60대요, 퇴직 후 제대로 되지 않는 몸과 더불어 씨름하다 보면 70대요, 자녀와 주변 사람에게 짐이 되지 않고 어떻게 죽을까 번민하다 보면 벌써 차가운 관속에 누워 있다. 길어 보았자 진해 벚꽃놀이 70번이면 이 세상과 하직하고 만다.

그러므로 잘 수행된 마음 하나 달랑 들고 떠나는 마지막 여행길에 가져가지도 못할 재산이니 명예니 권력이니 남의 행동에 대한 시시비비니 따위로 마음을 무겁게 할 필요는 없다. 우선 가까운 사람들과 화해하고 모든 존재들과 화해하여 걸림 없는 마음으로 마치 잘 다린 옥양목 두루마기 곱게 차려입고 붉은 노을 속으로 사라지는 수행자의 뒷모습처럼 청정하게 살아가야 한다.

17. 마음의 부스럼을 숨기지 말라

사람들이 자신의 허물이 무엇인지 알지 못하는 것도 문제이지만, 허물이 무엇인지 알고도 고치지 않는다면 이는 용기가 없는 탓이다. 내 나이가 48세에 이르니, 벌써 머리털은 날로 허옇게 빠지기 시작하고, 이빨마저 흔들리다 빠져 가고, 총명함도 전일과 같지 않다. 도와 덕은 처음 먹었던 마음을 등져서 군자의 길과는 점점 멀어지고, 오히려 소인의 길로만 가까이 간다. 이에 다섯 가지 잠을 지어 스스로를 경계하고자 한다.

첫째, 놀이를 경계하는 잠
나는 어릴 적에 여러 가지 재능을 개발하고자 아침저녁으로 부지런히 힘썼는데, 지금에 이르러서는 태만하여 유희에만 빠져 아침저녁으로 공부하고 수행하는 일은 찾아볼 수 없다. 아! 내 어찌 이것이 바로 군자를 멀리하고 소인배를 불러들이는 일인 줄 일찍이 몰랐던가?

둘째, 말을 경계하는 잠
말하는 의도를 알지 못하면 어찌 함께 말할 수 있겠는가? 그러나 일단 말하는 의도만 알면 그 사람의 말이 없어도 그 뜻을 알 수 있다. 사람들은 장막 속에서 나눈 논쟁을 역이용하여 너를 틀렸다고 몰아치고, 사람들은 높은 누대에서 한 논평을 뒤집어서 너를 위태로운 지경으로 몰아세운다. 이같이 쓸데없이 사사로운 말이나 핑계를 일삼다 보면 너의 생애에 큰 누가 된다.

셋째, 행동을 경계하는 잠

행동이 의리에서 어긋나고 말이 법도에서 벗어나면, 비록 그 뒤에 당장 해로움이 없을지라도 시간이 지나면 반드시 후회할 일이 생긴다. 행동에 삿됨이 없고 말에 치우침이 없으면 죽어도 죽지 않는다. 네가 후회할 일을 했다면 어떻게 해야 하는가? 마땅히 뉘우치고 고쳐야 한다. 네가 잘못을 저질렀다면 어떻게 해야 하는가? 마땅히 그치고 뉘우쳐야 한다. 너의 선한 행동이 확고히 자리 잡으면 후회할 일이 따라올 수가 없다. 후회할 일은 미리 신중히 생각하면 알고 막을 수가 있는데, 너는 다만 깊이 생각하지 않을 뿐이다.

넷째, 좋고 싫음을 경계하는 잠

선한 일이 아닌데도 좋아하면 그 도리를 살필 수 없고, 법도에 맞는데도 싫어하면 그 까닭을 알 수 없다. 전에는 좋았던 일이 이제는 허물로 보이기 시작하니 처음 따를 때는 친구 같았지만 버릴 때는 원수가 된다. 전에는 싫었던 일이 이제는 좋은 것으로 보이기 시작하니 처음 따를 때는 못마땅했지만 버릴 때는 어리석음이 된다. 원수지거나 친하게 지내거나 어리석은 짓을 하거나 부끄러운 짓을 하는 것은 이 모두가 내 일신에도 도움이 되지 못하고 덕행에도 맞지 못하다. 옳지 못하고 못마땅한 것은 나쁜 것 가운데 으뜸이니 이와 같이 하고서도 어찌 바른 길로 나아갈 수 있겠는가? 나이가 아직 젊을 때에는 어리석어 미처 깨닫지 못했다고 볼 수 있지만, 나이가 들어서도 신중하지 못하다면 이것은 과연 누구의 허물인가?

다섯째, 이름이 알려짐을 경계하는 잠

안으로 부족한 사람은 서둘러 남에게 알려지기를 바라나, 마치 큰비가 온 것처럼 스스로 덕행이 차서 넘치는 사람은 그 소문이 저절로 사방에 퍼진다. 이름이 사방에 알려지는 묘방은 이름이 없음을 근심하지 말고 오히려 이름이 사방에 무성함을 병으로 삼는 데 있다. 옛적에 자로는 그 이름이 퍼짐을 극히 두려워하였지만 오히려 그의 이름은 천 년 동안 빛나며 덕망과 명예는 지금도 날로 높아만 가고 있다.

너의 문장을 자랑하고 말솜씨에 오만하여, 남의 능하지 못함을 업신여겨 덮어 눌러 버리고 그 위에 자기를 내세우거나, 남의 부모도 스승도 아니면서 청하지도 않는 오만한 충고를 일방적으로 퍼붓기를 고집한다면, 어찌 사람들이 너를 참되게 바라보겠는가?

이같이 너 스스로 미움을 사고 원한을 만들면서도 일찍이 알아차리지 못한다면 반드시 어려운 지경에 빠지고 만다. 소인은 욕됨을 당하면 처음에는 뉘우칠 줄을 알지만, 이윽고 곧 편안함에 이르면 나태함에 빠져 끝내 경계할 줄 모른다. 너의 마음에 스스로 우러난 이 모든 것을 이미 네 앞에 글로 새겨 놓았으니, 스스로 이를 돌보지 않는다면 장차 그 화가 미치는 것도 마땅하리라.

五 箴

人患不知其過, 旣知之, 不能改無勇也. 余生四十有八年, 髮
之短者日益白, 齒之搖者日益脫, 聰明不及於前時. 道德日負
於初心, 其不至於君子, 而卒爲小人也昭昭矣. 作五箴以訟其
惡云. 游箴, 余少之時, 將求多能, 早夜以孜孜, 余今之時,
旣飽而嬉, 早夜以無爲. 鳴呼余乎, 其無知乎, 君子之棄, 而
小人之歸乎. 言箴, 不知言之人, 鳥可與言, 知言之人. 默然
而其意已傳, 幕中之辯. 人反以汝爲叛, 臺中之評, 人反以爲
傾汝. 不懲邪而呶呶, 以害其生邪. 行箴, 行與義乖, 言與法
違, 後雖無害, 汝可以悔行也. 無邪言也無頗, 死而不死. 汝
悔而何, 宜悔而休. 汝惡曷療, 宜休而悔. 汝善安在, 悔不可
追. 悔不可爲, 思而斯得, 汝則弗思. 好惡箴, 無善而好, 不
觀其道. 無悖而惡, 不詳其故. 前之所好, 今見其尤. 從也爲
比, 捨也爲讎. 前之所惡, 今見其臧, 從也爲愧, 捨也爲狂.
維讎維比, 維狂維媿, 於身不祥, 於德不義. 不義不祥, 維惡
之大幾. 如是爲而不顚沛, 齒之尙少庸有不思, 今其老矣, 不
愼胡爲. 知名箴, 內不足者, 急於人知, 霈焉有餘厥聞四馳.
今日告汝, 知名之法, 勿病無聞, 病其嘩嘩. 昔者子路, 惟恐
有聞, 赫然千載德譽愈尊. 矜汝文章, 負汝言語, 乘人不能,
揜以自取, 汝非其父, 汝非其師, 不請而教, 誰云不欺. 欺以
買憎, 揜以媒怨, 汝曾不寤, 以及於難. 小人在辱, 亦克知悔,
及其旣寧, 終莫能戒. 旣出汝心, 又銘汝前, 汝如不顧, 禍亦
宜然.

한유韓愈의 오잠

【해 설】

　인간은 긴 인생의 여정을 걸어가면서 한번쯤 자신을 되돌아 볼 필
요가 있다. 다시 말해서 처음의 자신 모습과 현재의 자신 모습, 미래
의 자신 모습을 한자리에 놓고 진지하게 살펴볼 필요가 있다. 이렇게
함으로써 성현들의 삶의 여정과 자신의 삶의 궤적을 비교해 가며 앞
으로의 진로를 수정해 갈 수 있다.

　인간은 나이가 들수록 여태까지 되풀이해 온 생활 습관에 빠져 자
신의 삶의 방식이 최고인 양 착각에 빠지므로 다른 여타의 삶의 방식
은 생각해 보지도 않고 아예 무시해 버리기 일쑤다. 그러나 눈을 크게
떠 여태까지 되풀이해 온 모든 생활의 굴레에서 벗어나 주위를 살펴
보면 정말 고귀하고 의미 있는 삶들이 여기저기 들꽃처럼 피어 있는
것을 볼 수 있다. 이런 의미 있는 삶의 형태를 보았다면 여태까지의
습관적인 삶의 궤도를 수정하여 새로운 삶 속으로 뛰어들어야 한다.
알고도 행하지 않는다면 이는 전적으로 용기의 부족이다.

　48세에 이르러서도 스스로 다섯 가지 경계하는 잠을 지어 이를 옆
에 두고 실천하는 한유의 삶은 진정으로 거듭 태어나는 '일신日新 일
일신日日新 우일신又日新'하는 삶이라 하겠다.

18. 소박함을 보물로 삼으라

닥나무는 등나무와 같은 부류의 식물로서 원래 담로산의 마麻라는 식물에서 파생되어 나왔다. 그러므로 닥나무와 마는 근원으로 올라가면 서로 분봉할 수 없다. 지혜로운 사람이 있어 닥나무를 가지고 종이를 만들어 그 위에 성현의 마음을 기록하여 전하니 이 식물의 은덕이 크다. 그 뒤를 이어 어떤 현인이 이 닥나무로 이불을 만들어 산 사람을 덮어 주니 또한 이 식물의 공덕이 깊다. 북풍이 몰아치고 큰 눈이 온 세상을 덮으면 한낮에도 견디기 어렵거늘, 하물며 긴 밤이야 어찌 베와 솜 없이 지낼 수 있겠는가? 두꺼운 천으로 옷을 만들어 얼굴까지 덮어써야 겨우 매서운 추위를 견딜 수 있다.

토지의 정전제井田制가 제대로 시행되지 못하여 백성은 예의를 차리지 못할 정도로 가난하고, 겨우겨우 한 해를 넘겼지만 베와 솜을 얻을 수가 없어서 겨울의 추위에 벌벌 떨어야 했다. 그러던 중 다행히 닥으로 만든 이불을 얻게 되었으니, 그 값어치는 만 냥에 해당되고 그 기쁨은 비할 데가 없다. 만약 당시이 닥이 없었더라면 얼어 죽은 사람이 언덕을 이루었을 것이다.

나는 일찍이 닥이라는 식물을 평하여 네 가지 덕을 갖추었다고 말했다. 따뜻한 봄에는 무성하고 하얀 눈이 내리는 겨울에는 굳고 단단하며 스스로 자랑하기를 싫어하고 온화하고 가난함을 즐거워하니, 어느 누가 이것과 견줄 수 있겠는가?

군자는 인仁하니, 내가 가난할 때 오직 그대 닥이불과 함께 거처하였거늘 어찌 한 번 쓰고 버리는 물건처럼 그대를 내팽개칠 수 있겠는가. 피를 나누어 맹세한 적은 없지만 종신토록 함께 살고자 하노라. 또한 일만 자손들에게 다음의 말을 전하고자 한다.

아! 너는 오직 소박함을 보물로 삼아라. 누더기와 솜을 부끄러워한다면 어찌 너의 이름인 지도志道에 부합될 수 있겠는가? 사치함을 멋대로 내버려 두어서도 안 되며, 욕심을 끝까지 채워서도 안 된다. 화려함을 버리고 앞서간 성현들이 함께 하시던 일에 성실히 힘쓰라. 사치하게 장례를 치르기로 마음먹으면 오십 리 길을 비단으로 간 석숭(季倫)의 화려함도 모자랄 것이고, 덕을 흠모하여 드러내는 데 마음을 두면 어찌 사마온공의 베이불이 누추하게만 보이겠는가?

사치한 마음이 한 번 열리면 절제하는 마음의 무너짐이 걷잡을 수 없는 지경에 이르게 되니, 이로 인하여 정말 호랑이의 발밑에 깔리고 늑대의 입 안에 들어가는 형국이 된다. 그러므로 검소함이야말로 청렴함의 근본이 되고, 청렴함이야말로 모든 행실의 우선처가 된다. 아! 너희들은 어찌 이를 힘쓰지 않을 수 있겠는가?

楮衾銘

楮君之先滕同, 厥宗麻源湛魯. 豈其分封. 粵有智者, 創之爲紙, 傳聖賢心衣被萬世, 巧者述之. 製爲斯衾, 覆冒生人, 厥

功亦深. 朔風怒號, 大雪如席, 晝且難勝, 況於永夕, 豈無纖
纊. 衣以厚繪, 擁之高眠. 可當嚴凝井地不行, 民俗多褰. 終
歲之廛, 弗給布絮. 一衾萬錢, 得之曷緣, 不有此君, 凍者成
丘. 我嘗評君, 蓋具四德. 盎兮春溫, 皜兮雪白, 廉於自鬻,
樂於燠貧, 誰其似之. 君子之仁, 我方窮時, 惟子與處, 豈如
弁髦, 而忍棄女. 不歃而盟, 偕之終身. 且將傳之, 于萬子孫.
咨爾小子, 惟素可寶. 敝縕是慚, 豈曰志道. 奢不可縱, 欲不
可窮. 去華務實, 前哲所同. 以侈致喪, 何羨乎季倫之錦障.
以德見欽, 何陋乎溫公之布衾. 忕心一開, 其流曷已, 虎攫狼
吞, 寔自玆始. 故曰, 儉者廉之本, 廉者行之先. 吁嗟汝曹,
可不勉旃.

진덕수眞德秀의 닥이불에 새긴 명

【해 설】

이 글은 서산西山 진덕수가 그의 아들 지도志道에게 준 경계의 말
로, 아들의 이름 '지도'는 '뜻을 물질에 두지 말고 도道에 두라'는 의
미이다.

요즘은 자녀에게 재산과 지위를 물려주는 사람은 많지만 자녀에게
평생 영혼의 양식이 되는 가치관과 심心 수양의 지침을 물려주는 사람
은 드물다. 이런 도道의 전수에 바탕을 둔 부자父子 간의 사랑이야말로
진정한 의미의 부자유친父子有親이다.

원래 자신의 내면이 덜 찬 사람일수록 외형의 화려한 장식으로 이
를 보충하려고 애쓴다. 그러나 내면의 덕성이 가득 찬 사람은 아무런
외형적 꾸밈과 장식이 필요 없다. 그저 있는 그대로 마치 통나무 등걸
처럼 소박하게, 그러면서도 넓고 자족한 마음으로 여유롭게 살아간다.
그러므로 닥나무로 만든 이불을 덮고 살던 어려운 시절은 그것대로

족하고 아름답다. 결코 누추하거나 부끄러운 것이 없다. 끊임없는 수행을 통해 마음이 차면 저절로 소박해지고, 소박해지면 검소해지고, 검소해지면 청렴해지고, 청렴해지면 모든 행동이 제자리에 바로 선다. 진서산과 그의 아들 지도 사이의 '뜻'으로 이어지는 아름다운 관계는 다음 시를 떠올리게 한다.

부자유친父子有親

매미 소리는 여름 낮에 좋고
귀뚜리 소리는 가을밤에 좋아라.
붉은 연꽃과 푸른 물결은 마주보고 웃고
아버지와 아들은 뜻이 통해 좋아라.

19. 예禮가 아니면 보지도 듣지도 말라

나를 극복하여 본래의 예禮로 돌아간다는 '극기복례克己復禮'의 조목을 안연이 공자께 여쭈었더니 "예가 아니면 보지도 말고, 예가 아니면 듣지도 말며, 예가 아니면 말하지도 말고, 예가 아니면 행하지도 말라"고 대답하셨다.

이 네 가지는 바깥인 몸의 작용이며, 몸의 작용은 내부인 마음의 작용으로부터 일어난다. 그런데 오히려 이같이 밖으로부터 몸을 통제하는 것은 궁극적으로 내부의 심을 기르기 위해서이다. 안연이 이 말을 받들어 실행하였기 때문에 성인의 자리에 이를 수가 있었다. 뒤에 성인을 배우는 사람들도 마땅히 이 글을 가슴에 간직하여 잊지 말아야 할 것이다. 그러므로 경계하는 글을 지어 스스로를 깨우치고자 한다.

첫째, 보는 행동을 경계하는 잠

마음은 본래 텅 비어 있어서 사물에 응하여도 흔적이 없으나 그것을 조절하는 요령이 있으니, 바로 눈으로 보는 행위가 표준이 된다. 망상에 사로잡혀 덮이고 엇갈리어 정견正見하지 못하면 그 내부의 심이 요동하여 제자리에 있지 못하게 되지만, 밖에서 보는 것을 통제하여 정성스레 정견正見하게 되면 그 내부의 심이 안정되어 극기복례의 자리에 이를 수가 있다.

셋째, 듣는 행동을 경계하는 잠

사람은 원래 천성에 근거한 변함없는 떳떳한 도리가 내재되어 있건만 보고, 듣고, 말하고, 느끼고, 생각하는 다섯 가지 알음알이에 이끌리어 물질세계에 덮여 버리고 마침내 그 바른 도리를 잃고 만다. 그래서 성현께서 분별심을 그쳐서 안정됨을 되찾고, 삿됨을 버리고 정성됨을 보존하여, 예가 아닌 것은 듣지도 말라고 당부하셨다.

셋째, 말하기를 경계하는 잠

사람 내부 마음의 움직임이 말의 인因이 되어 때로는 금지된 것을 발설하기도 한다. 항상 안으로 마음이 고요하고 전일全一하여야 하는데도 그렇지 못하여 어긋난 말이 나와, 이것으로 인하여 전쟁도 일어나고 좋아함과 미워함도 일어나고 길흉과 영욕이 일어나기도 한다. 헐뜯고 말이 쉽게 바뀌면 거짓되기 쉽고, 헐뜯고 번다하게 되면 갈피를 잡을 수 없게 된다. 스스로 갈피를 잡을 수 없게 되면 나 아닌 다른 사람들과 화합할 수 없게 되고, 법도에 어긋나는 말을 하게 되면 돌아오는 말도 어긋나게 된다. 그러므로 삼가 말의 경계함을 소홀히 할 수 없다.

넷째, 행동을 경계하는 잠

철인哲人은 심용心用의 기미를 알고 이를 자신의 사상思想 속에서 정성스럽게 지키고, 지사志士는 행行에 힘써 직접적인 실행 속에서 이를 지킨다. 천지의 의리대로 따르면 여유가 있고, 사사로운 인욕을 따르면 위태로워지니, 한순간이라도 인욕을 이기고 의리를 지켜야 한다. 삼가 두려워하고 조심하여 스스로 지켜서 원래의 밝은 본성과 일상생활을 동시에 일치시킬 때 비로소 성현의 길로 접어들 수 있다.

四勿箴

顔淵問克己復禮之目. 子曰, 非禮勿視, 非禮勿聽, 非禮勿言, 非禮勿動. 四字身之用也, 由乎中而應乎外. 制於外所以養其中也. 顔淵事斯語, 所以進於聖人. 後之學聖人者, 宜服膺而勿失也. 因箴以自警. 視箴, 心兮本虛, 應物無迹, 操之有要, 視爲之則. 蔽交於前, 其中則遷, 制之於外, 以安其內, 克己復禮, 久而誠矣. 聽箴, 人有秉彝, 本乎天性, 知誘物化, 遂亡其正. 卓彼先覺, 知止有定, 閑邪存誠, 非禮勿聽. 言箴, 人心之動, 因言以宣, 發禁躁妄. 內斯靜專, 矧是樞機, 興戎出好, 吉凶榮辱, 惟其所召. 傷易則誕, 傷煩則支. 己肆物忤, 出悖來違. 非法不道, 欽哉訓辭. 動箴, 哲人之幾, 誠之於思, 志士勵行, 守之於爲. 順理則裕 從欲惟危. 造次克念. 戰兢自持, 習與性成, 聖賢同歸.

정이程頤의 사물잠

【해 설】

우리들 마음의 움직임은 눈, 귀, 입, 몸을 통해 나오고, 반대로 눈, 귀 입, 몸으로 들어온 것은 또한 우리 내부의 마음에 영향을 미친다. 그러므로 내부의 심이 바로섬으로써 바로 보고 바로 듣고 바로 말하고 바로 행동하며, 동시에 바로 보고 바로 듣고 바로 말하고 바로 행동함으로써 내부의 마음을 더욱 바르고 고요하게 만들어 간다. 이를 두고 내외명철內外明徹이라 하고, 혹은 내외직방內外直方이라 일컫는다.

그리고 그 방법으로는 경敬으로써 내부 마음을 바르게 하고 의義로써 바깥 행동을 방정하게 다듬는다. 천리天理 즉 누구나 가지고 있는 하늘이 부여한 성품인 명덕明德을 지키고 공경하는 자세로 심을 바로 잡고, 옳고 마땅한 도리로써 눈, 귀, 입, 몸을 다스려 바깥 몸가짐을 절도 있고 예의 바르게 이끌어 가는 것이다.

20. 모든 만물을 내 형제로 보라

하늘을 아버지라 하고 땅을 어머니라고 부르는데, 나는 조그만 몸으로 이 가운데 혼연히 일체가 되어 존재한다. 그러므로 하늘과 땅에 가득 차 있는 형상은 나의 몸이요, 하늘과 땅을 거느리는 모든 원리는 나의 마음이다. 백성과 나는 같은 배에서 태어났고 만물은 나와 더불어 한 형제이다.

임금은 천지의 맏아들이요, 대신大臣은 맏아들의 가신家臣이다. 나이 많은 사람들을 공경하는 것은 그 어른됨을 마땅히 어른으로 대우하는 까닭이요, 외롭고 약한 사람을 따뜻이 대하는 것은 그 딱한 것을 마땅히 딱한 것으로 대우하는 까닭이다.

성인聖人은 천지의 덕과 합치된 사람이고, 현인賢人은 사람들 가운데 그 덕이 뛰어난 사람이다. 고아, 자식 없이 늙고 병든 이, 장애자, 과부, 홀아비들은 모두 내 형제로서 의지하고 하소연할 곳도 없는 외로운 사람들이다. 천명天命을 보존함은 자식으로서 부모를 받듦이요, 천명을 즐거워하고 걱정하지 않음은 부모를 섬김이다. 천명을 어기는 것을 패덕悖德이라 말하고, 인仁을 해치는 것을 도적이라 말한다. 악을 저지르는 사람은 쓸모없는 사람이고, 타고난 성품을 잘 간직하여 기르는 것이 부모를 잘 섬기는 일이다. 천리의 운행 변화를 알면 부모의 사업을 잘 이어갈 수 있고, 천지의 신묘함을 알면 부모의 뜻을 잘 이어 갈 수 있다. 혼자 있을 때도 부끄럽지 않게 행동하는 것이 부모를 욕되게 하지 않음이요, 천리를 보존하고 밝은 본성을 기르는 것이 나태하지 않음이다.

맛난 술을 싫어한 것은 우 임금의 부모 섬김이고, 인재를 양성하는 것은 영고숙潁考淑이 장공莊公에게 효심을 옮겨 준 일과 같다. 힘들어도 묵묵히 참아 부모를 기쁘게 한 분은 순 임금이며, 도망치지 않고 끓는 물 속에 삶기기를 기다린 것은 신생申生의 부모 공경이다. 부모로부터 받은 몸을 잘 간직하여 기르다가 온전히 돌아간 분은 증삼曾參이고, 복종함에 용감하여 부모의 명령을 따른 분은 백기伯奇이다.

많은 재산과 높은 지위와 은총과 행복은 나의 삶을 두텁게 하는 데 도움이 되고, 가난과 낮은 지위와 근심과 슬픔은 나의 삶을 옥처럼 갈고 닦는 데 도움이 된다. 살아 있는 동안에는 이것을 잘 지키다가 죽어서는 편안히 쉰다.

西 銘

乾稱父, 坤稱母. 予玆藐焉, 乃混然中處. 故天地之塞吾其體, 天地之帥吾其性. 民吾同胞物吾與也. 大君者吾父母宗子, 其大臣宗子之家相也. 尊高年所以長其長, 慈孤弱所以幼其幼, 聖其合德賢其秀也. 凡天下疲癃殘疾惸獨鰥寡, 皆吾兄弟之顚連而無告者也. 于時保之子之翼也, 樂且不憂純乎孝者也. 違曰悖德, 害仁曰賊. 濟惡者不才其踐形惟肖者也. 知化則善述其事. 窮神則善繼其志. 不愧屋漏爲無忝. 存心養性爲匪懈. 惡旨酒, 崇伯子之顧養. 育英才潁封人之錫類. 不弛勞而

底豫舜其功也. 無所逃而待烹申生其恭也. 體其受而歸全者
參乎. 勇於從而順令者伯奇也. 富貴福澤, 將厚吾之生也. 貧
賤憂戚庸玉汝於成也. 存吾順事, 役吾寧也.

장재張載의 서명

【해 설】

　우리들은 보통 우리 몸뚱이 속에 든 생명만이 우리 것이고, 저마
다의 몸뚱이마다 저마다 다른 생명체가 각각 하나씩 들어 있다고 생
각한다. 그러나 진리의 눈에서 바라보면 파도는 저마다 각양각색이
지만 모두가 바닷물로서 하나이듯이 몸뚱이마다 들어 있는 각각의 생명
은 결국은 하나의 큰 생명이다.

　'서명西銘'이라는 것은 서쪽 벽에 붙여 두고 자신을 훈계하는 글을
말한다. 서명 속에 있는 '하늘은 아버지, 땅은 어머니, 그 가운데 있는
모든 존재들은 바로 내 몸이고 내 형제이며, 모든 원리와 법칙들은 바
로 내 마음이다'는 내용은 바로 진정한 의미의 인仁과 자비와 사랑의
터전이 된다.

　참고로 이 '서명' 부분은 퇴계의 주저主著인 『성학십도聖學十圖』의
열 개의 도圖 가운데 제2도로 수록되어 있다.

21. 스스로 마음그릇을 깨끗이 하라

　희롱 삼아 하는 말도 먼저 자신의 마음속에서 그런 생각이
자리 잡고 난 연후에 우러나오고, 희롱 삼아 하는 행동도 우선
자신의 마음속의 꾀함이 있고 난 연후에 드러난다. 이같이 먼저
자신의 마음속에 그런 생각이 생겨난 후에 온 몸을 통해 밖으
로 드러난 것을 두고 이것은 스스로의 마음이 아니라, 자신도
모르게 한 행동이라고 변명하는 것은 밝지 못함이요, 그러고도
남들이 나를 의심하지 않기를 바라는 것은 어리석음의 극치이
다.
　지나치게 과장된 말은 본심本心이 아니요, 지나치게 과장된 행
동은 성性에서 벗어난 짓이다. 잘못된 말을 내뱉아서 몸을 미혹
에 빠뜨리고도 스스로 도리에 합당하다고 우겨대는 것은 자신
을 속이는 행위이고, 그러고도 남들이 나를 따르기를 바라는 것
은 남을 기만하는 행위이다.
　혹자는 허물이 자신의 마음속에서 우러나온 것인데도 불구하
고 자기의 장난 탓이라고 변명하기도 하고, 허물이 스스로의 잘
못된 생각에서 비롯된 것인데도 불구하고 자신의 내심은 옳고
성실하였다고 변명하기도 하면서, 스스로를 삼갈 줄 모르고 오
히려 모든 허물을 나 아닌 다른 외부 사람의 탓으로 돌린다. 이

들의 으스대고 스스로의 잘못을 인정하지 않는 오만불손한 태도는 가히 눈뜨고는 볼 수 없는 지경에 이르고도 남음이 있다.

東 銘

戱言出於思也. 戱動作於謀也. 發於心 見乎四體. 謂非己心不明也. 欲人無己疑不能也. 過言非心也. 過動非誠也. 失於聲謬迷其四體. 謂己當然自誣也. 欲他人己從誣人也. 或者謂出於心者 歸咎於己戱, 失於思者自誣爲己誠, 不知戒其出汝者 歸咎其不出汝者. 長傲且遂非 不知孰甚焉.

장재張載의 동명

【해 설】

아무리 희롱 삼아 내뱉는 한마디의 말이나 장난삼아 저지르는 가벼운 행동도 알고 보면 모두가 자신의 심心의 자리에서 비롯된 것이다. 그런데도 이것은 나 자신도 모르게 한 말이니 행동이니 혹은 그저 별 뜻도 없이 장난삼아 한 말이니 행동이니 하면서 변명을 대고 자신은 그런 사람이 아니라고 우겨대는 것은 어리석은 행동이다.

이런 행동이 드러나면 곧바로 자신의 심心의 본원으로 되돌아가서, 자신의 동요된 심心을 철저히 성찰하여 그런 말과 행동을 일으킨 심 안의 잠재된 씨앗을 제거해야 한다. 의식 속에서 인욕人欲을 제거하고 나아가 무의식 속의 인욕까지 철저히 제거하여 꿈속에서마저 인욕의 싹이 트지 않을 때, 비로소 무사심無私心 즉 무심無心의 경지에 들어선다. 그러므로 경敬의 자세는 죽어서야 그만둘 마음의 경계심이다.

22. 파도 너머 바다를 보라

　무릇 생명을 가진 모든 존재들은 우주의 일기一氣를 고르게 받아 경계가 없는 하나의 큰 몸을 이루고 있건만, 마치 혹처럼 별개의 것으로 분리되어 '나와 너'라는 주객의 분별심이 생겨나고 상대를 이기고자 하는 이기심이 생겨나서, 마침내 가지런하지 못하게 되어 너와 나의 차별이 생겨난다.

　대인大人은 성性에 바탕을 두고 심안心眼으로 천리天理를 본다. 처음부터 사욕私欲을 버리고 교만함이 없이 사적私的인 나를 마치 벌레 보듯 하고, 지志를 장수로 삼고 기氣를 졸개로 삼아 마음대로 부리며 천리天理를 받들고 천리에 호소하니, 누가 감히 대인을 업신여길 수 있겠는가?

　한편으로 싸우면서 한편으로 어루만지고 사사로움을 이겨 욕심을 막아서 마침내 이기기 전에는 원수였던 것을 이제는 신하와 부하로 삼아 마음대로 부리게 된다. 아직 완전히 이기지 못한 때에는 나의 집이 궁핍하고 좁아서 시어머니와 며느리가 서로 다투어 여유를 얻기가 어려웠지만, 일단 이기고 나면 사방으로 툭 트이고 온 세계가 훤해져서 모든 것이 나의 집 안에 있게 되니, 천하가 나의 인仁으로 돌아오지 않는다고 누가 감히 말할 수 있겠는가?

가렵고 고통스런 모든 병이 내 온 몸을 도려낼지언정 단 하루라도 그러한 툭 트인 경지로 나아가는 것이 진정한 나의 바람이다.

克己銘

凡厥有生, 均氣同體. 胡爲不人, 我則有已, 物我既立, 私爲町畦, 勝心橫生, 懮懮不齊. 大人存誠一 心見帝則, 初無吝驕, 作我蟊賊, 志以爲帥, 氣爲卒徒, 奉辭于天, 孰敢侮予. 且戰且徠, 勝使窒慾, 昔焉寇讐, 今則臣僕. 方其未克, 窘我室廬, 婦姑勃磎, 安取厥餘. 亦既克之, 皇皇四達, 洞然八荒, 皆在我闥, 孰曰天下, 不歸吾仁. 癢痾痛痛擧切吾身, 一日至之, 莫非吾事, 顔何人哉 晞之則是.

여대림呂大臨의 극기명

【해 설】

원래 우주는 한 생명의 너울거림이다. 이를 두고 우주, 태극, 일기一氣, 일리一理, 일심一心, 대생大生이라고 한다. 그러나 한 생각의 치우침으로 인해 전체적인 조화의 통상通相에서 분열되고 괴리되어 별상別相으로 떨어져서 '나와 너'라는 경계심境界心을 품고, 마침내 천리天理를 잃고 사욕私欲에 물든 좁디좁은 자기 경계에 고착된 개체로 전락하고 만다.

그러나 마음을 돌이켜 하늘로부터 타고난 명덕明德인 본성本性에 바탕을 두고서 사사로운 인욕人欲을 제거하고 공명정대한 천리天理를 보존해 가면, 마침내 경계가 툭 트여 여태까지 좁은 자신의 경계 속에서 마치 시어머니와 며느리가 다투듯 벌떼처럼 일어나던 모든 사념들이 멈추고 자신의 뜻(志)이 바로서서 모든 감각들을 마치 장수가 졸개를 부리듯 마음대로 부릴 수가 있다. 즉 자신의 경계 속에 빠져 인욕이 천리를 이길 때에는 모든 감각이 자신의 뜻을 마음대로 좌지우지하게 되나, 수행을 통해 자신의 좁은 경계를 벗어나 천리를 자신의 정으로 삼게 되면 모든 것이 훤하고 툭 트여 모든 사념이 사라지고 번뇌심이 그쳐 여태까지 주인 노릇하던 감각과 외물들을 졸개로 굴복시켜 이들을 자기 뜻(志)대로 다스릴 수 있게 된다. 이를 두고 진정한 의미의 극기복례克己復禮라 일컫는다.

23. 앉기 전에 먼저 앉을 자리를 살피라

무릇 말은 반드시 충성스럽고 미덥게 한다.
행동은 반드시 독실하고 공경스럽게 한다.
음식은 반드시 신중하고 절도 있게 먹는다.
글씨는 반드시 해서楷書로 반듯하게 쓴다.
용모는 반드시 단정하고 정중하게 한다.
옷차림은 반드시 엄숙하고 가지런하게 한다.
걸음걸이는 반드시 안정되고 찬찬히 한다.
거처는 반드시 바르고 고요하게 한다.
일을 꾸밀 때는 반드시 처음부터 계획을 철저히 한다.
말을 할 때에는 반드시 실천할 수 있는지를 되돌아본다.
떳떳한 덕행은 반드시 굳게 지킨다.
승낙은 반드시 신중히 생각한 후 답한다.
착한 행동을 보면 마치 자기가 한 것처럼 기쁘게 여긴다.
악한 행동을 보면 마치 자기의 허물인 양 여긴다.
　무릇 이 열 네 가지는 내가 어느 하나 제대로 살피지 못하고 있는 것들이다. 그래서 여기에 기록하여 자리의 한쪽 모서리에 붙여 두고 아침저녁으로 보면서 나의 어리석음을 깨우치고자 한다.

座右銘

凡語必忠信. 凡行必篤敬. 飮食必愼節. 字畫必楷正. 容貌必
端莊. 衣冠必肅整. 步履必安詳. 居處必正靜. 作事必謀始.
出言必顧行. 常德必固持. 然諾必重應. 見善如己出. 見惡如
己病. 凡此十四者, 我皆未深省. 書此當座隅, 朝夕視爲警.

장사숙張思叔의 좌우명

【해 설】

　일상생활에서 지켜야 할 열네 가지 지침이다. 눈으로 읽고 머리로
이해하는 데에만 그친다면 아주 간단하고 쉬운 것들이다. 그러나 가슴
속으로 스며들어 가식 없이 자연스런 행동과 덕으로 드러나기까지에
는 많은 세월을 요하는 어려운 것들이다.

24. 참마음을 주인공으로 내세우라

넓고 넓은 천지天地는 우러러보고 굽어보아도 끝 간 데 없는
데, 사람은 그 가운데 조그만 몸으로 존재한다. 이 몸의 작음은
마치 나라의 큰 창고 속 한 알의 돌피 같지만, 마음은 천지와
동참하여 천지인 삼재三才를 이룬다. 옛적부터 지금까지 마음이
없는 사람이 있었겠느냐마는 마음이 육체의 부림을 받으면 금
수에 지나지 않게 된다. 눈, 귀, 입, 손, 발 등의 동정動靜에 틈
새가 생겨서 마음이 사욕私欲에 의해 침해받거나 막힘을 당하면
마침내 마음은 병들고 만다.

한 마음은 미약하고 욕망은 강하니, 뭇 욕망이 쳐들어오면 이
마음을 보존할 사람이 과연 몇이나 되겠는가? 군자는 성誠을 보
존하고 경敬을 지켜서 천군天君인 마음의 흔들림 없이 굳건하게
육체를 지배한다.

心 箴

茫茫堪輿, 俯仰無垠, 人於其間, 眇然有身. 是身之微, 太倉
稊粃, 參爲三才, 曰惟心爾. 往古來今, 孰無此心, 心爲形役,
乃獸乃禽. 惟口耳目, 手足動靜, 役間抵隙, 爲厥心病. 一心

之微, 衆欲功之, 其與存者, 嗚呼幾希. 君子存誠, 克念克敬,
天君泰然, 百體從令.

범준范浚의 심잠

【해 설】

　인간의 육체는 천지우주의 크기에 비하면 아주 미약하고, 인간의
심心은 끌어모으면 좁쌀보다도 작지만 펼치면 온 우주를 담고도 남음
이 있다.

　파스칼은 인간을 생각하는 갈대라고 했다. 연약한 갈대의 모습은
인간의 몸이지만 생각은 천지를 포괄하는 인간의 심이다.

　이같이 광대하고 신묘한 마음을 자신의 좁은 육체 안에만 끌어넣
어 육체의 감각과 욕망에 의해 조종당하면 금수의 수준을 벗어나지
못한다.

　그러나 심을 펼쳐 자신의 밝고 청정한 심을 온 우주에 충만토록
하여 심으로 육체의 감각과 욕망을 다스린다면 자신의 성性과 우주의
리理가 합쳐져서 공자의 '종심소욕불유구從心所欲不踰矩' 즉 '마음이 이
끄는 대로 행동해도 법도에서 어긋남이 없다'는 경지에 이를 수가 있
다.

25. 놓쳐버린 마음을 거둬들이라

   천지간天地間의 변화하는 마음을 일러 공자는 인仁이라 하였
다. 이 인仁을 내 몸에서 이루면 내가 내 몸의 주인이 되는데
그 주인은 어떤 모습일까? 그 모습은 신명神明도 가히 알지 못
한다. 그러나 드러내면 만 가지 묘용을 펼치므로 인간은 이를
최고의 표준으로 삼기도 한다. 잠시라도 그것을 놓아 버리면 천
리로 달아나 버리니, 성誠과 경敬을 다하지 않고 어찌 이를 보
존할 수 있겠는가? 혹자는 놓아 버리고, 혹자는 거두어들이며,
혹자는 놓쳐 버리고, 혹자는 보존한다. 때로 이것은 팔처럼 접
혔다 펴졌다 하고 때로는 손바닥처럼 엎어졌다 젖혀졌다 하니,
그 미묘한 틈을 방비하고 홀로 있을 때 삼가지 않으면서 어찌
이것을 지키는 떳떳함을 누릴 수 있겠는가? 이같이 간절히 묻
고 가까운 곳에서부터 생각해 가는 것을 일러 오로지 힘씀이라
한다.

求 放 心 齋 銘

天地變化, 其心孔仁. 成之在我, 則主于身, 其主伊何. 神明
不測. 發揮萬變, 立此人極. 咎刻放之, 千里其奔, 非誠曷有,

非敬曷存. 孰放孰求, 孰亡孰有. 屈伸在臂, 反覆惟手. 防微
謹獨, 玆守之常. 切問近思, 曰惟以相.

주희朱熹의 구방심재명

【해 설】

　구방심재명이란 놓쳐 버린 마음을 다시 되찾는 재에 새겨놓은 명
이라는 뜻이다. 여기서 재라는 것은 공부하는 집 또는 방을 뜻한다.
천지간의 변화하는 원리가 곧 심이고, 만물을 낳고 낳아 생장시키는
천지심이 곧 인仁이다. 이 천지간에 가득 찬 심의 본성을 내 몸에서
구현하고 나면 내 자그만 몸뚱이뿐만 아니라 천지지간天地之間의 모든
만물을 내 손아귀 안에 쥐게 되는 대자유인이 된다. 그럼 이 마음의
본체는 어떻게 생겼을까? 이 심의 본체는 오감五感을 떠나 있으므로
귀신도 볼 수 없다. 그러나 펼치면 만 가지 묘용을 드러내는 불가사의
한 존재이다. 그러나 이런 신묘한 심도 놓아 버리면 아무런 힘이 없게
된다. 이 심을 성誠과 경敬으로 보존하고 지켜 나갈 때 비로소 그 영
묘한 능력을 발휘할 수 있다. 심은 사물에 의해 막히고 분별심에 의해
시들며 천리의 자양분에 의해 성장하고 공명정대한 인仁에 의해 펼쳐
진다.

26. 혼자 있을 때를 삼가라

하늘의 천제께서 인간에게 부여한 것은 무엇인가? 바로 의義와 인仁이다. 이 의와 인이야말로 천제의 법도이니 이를 우러러 받아서 혹시 이루지 못할까 삼가고 두려워해야 한다.

혹자는 마음이 밝지 못하여 상도常道에서 벗어나 구차하고 더럽고 추악한 데 빠져 음란한 눈길과 귀로 주위를 보고 들으며 방탕하게 행동하여 천리天理의 밝음을 더럽히고 인간의 바른 도리를 업신여긴다. 이리하여 심心이 점차 아래로 오염되어 가는 것을 오히려 좋아하고 수많은 악행을 자행한다. 나는 이러한 일을 두려워하여 항상 마음으로 경계한다. 혼자 있는 어두운 방에서도 나를 감시하는 밝은 눈은 빛나고 있으므로, 나는 스스로를 경계하여 마치 소중한 옥玉을 잡은 듯, 가득 찬 물잔을 받들 듯 행동거지를 조심조심 삼간다.

눈 깜짝할 사이에도 천리天理를 보존할 책무는 무겁고 수행해 가야 할 길은 멀기에, 감히 한순간이라도 가볍게 행동하지 못한다.

尊德性齋銘

維皇上帝, 降此下民, 何以予之. 曰義與仁. 維義與仁, 維帝

之則, 欽斯承斯, 猶懼弗克. 孰昏且狂, 苟賤汗卑 淫視傾聽,
惰其四肢, 褻天之明, 慢人之紀. 甘此下流, 衆惡之委. 我其
監此, 祈栗厥心. 有幽其室, 有赫其臨, 執玉奉盈. 須庾顚沛,
任重道悠, 其敢或怠.

주희朱熹의 존덕성재명

【해 설】

　　존덕성재명이란 덕성을 높이 받드는 재에 새긴 명을 말한다. 인간
의 삶에서 가장 소중한 것은 무엇인가? 바로 태어날 때부터 부여받은
밝은 덕, 즉 명덕明德을 밝히는 일이다. 그래서 『대학』 경문 첫머리에
'대학지도大學之道 재명명덕在明明德'이라고 내세운다.

　　인간은 타고난 순수한 정신의 결정체인 본연지성本然之性과 우리
몸을 구성하고 있는 육체에서 우러나오는 기질지성氣質之性을 동시에
갖추고 있다.

　　그러나 순수한 정신에서 발發하는 본연지성 즉 천리는 미세한 반
면에, 우리의 행위, 즉 육체에서 발하는 사욕인 기질지성은 거칠고 강
하다. 그러므로 자칫하면 천리의 밝은 덕이 거친 사리사욕의 구름에
가려 조종당한다. 이런 연유로 수행자는 항상 이를 경계하고 경계하여
천리를 보존하고 길러서 이 천리가 인욕을 지배하도록 이끌어 가야
한다. 바로 이것이 수행자의 무거운 책무이자 끝없이 가야 할 머나먼
인생의 여정이다.

27. 뜻을 다만 도道에 두라

맨발로 달려가 맨손으로 물을 마시는 사람에게 신발과 그릇을 주는 이는 누구인가? 배고프고 춥다는 사람에게 밥과 옷을 주는 이는 누구인가? 도道라는 것은 이같이 일상생활에서 한 순간이라도 떠날 수 없다. 그러므로 뜻을 다만 도道에 두지 어디에 두란 말인가?

志道齋銘

曰趨而挹者, 孰履而持. 曰飢而寒者, 孰食而衣. 故道也者, 不可須臾離. 子不志於道獨, 罔罔其何之.

주희朱熹의 지도재명

【해 설】

　지도재명이란 뜻을 도道에 두는 재에 새겨놓은 명이다. 도는 마치 공기와 같고 물과 같다. 일상생활에서 반드시 병행해야 할 마땅한 길이요, 도리이다. 마치 맨발에 신이 필요하듯, 물을 먹을 때 컵이 필요하듯, 그렇게 필요한 존재이며, 배고플 때 먹는 음식이나 추울 때 입는 옷과 같이 삶의 요소 그 자체이다. 그러므로 도를 떠나면 한순간도 살아갈 수 없다. 그런데도 많은 사람들은 일상생활을 떠나 먼 히말라야 산맥에서나, 혹은 고원한 철학 서적 속에서 도를 찾으려는 헛된 망상에 젖어 있다. 그 마음만 열면 바로 '지금 여기'(now and here)가 히말라야 산맥이요, 철학 서적이며, 도의 상주처常住處이다. 선문禪門에서는 이를 두고 '너의 발아래를 주시하라'(照脚下)고 한다.

28. 자기 존재의 근원을 밝히라

도덕과 학술에 관해서라면 보지 않고도 훤히 통달하지 않음이 없으나, 성명性命에 관해서는 혼자 의아해 하고 깊은 뜻을 캐어 내지 못한다. 이는 바깥으로는 두터우나 안으로 얇기 때문이고, 내부의 기반 없이 그저 밖으로만 쌓아올린 탓이다.

據德齋銘

語道術則, 無往而不通, 談性命則, 疑獨而難窮. 惟其厚於外而薄於內, 故無地以崇之.

주희朱熹의 거덕재명

【해 설】

거덕재명이란 덕을 굳게 지키는 재에 새긴 명을 뜻한다. 객관적인 지식과 논리의 축적인 학문에는 훤히 달통해 있지만 정작 자신의 생명의 파장 그 자체인 자신의 본성과 천명天命에 대해서는 무지한 사람이 많다.

학문과 인격을 이원적으로 바라보는 서양에서는 체계적인 지식을 논리에 따라 잘 정립하고, 이를 바탕으로 새로운 학설을 이끌어 가는 사람을 일반적으로 학자라 칭한다. 그들에게 있어서 지식의 체계와 인격은 별개이다. 그러므로 인격적으로 비루하지만 학문적으로는 '대학자'라는 말이 성립될 수 있다. 그러나 모든 것을 일원론적인 측면에서 바라보는 동양에서는 객관적인 학문의 체계와 학자의 인격을 하나의 심心의 수렴과 확장 과정으로 간주하기에, 인격은 비루하지만 학문적으로는 대학자라는 논리는 성립할 수 없다. 즉, 존양성찰로 자기 내부의 덕을 두텁게 하고 격물치지로 외부의 지식을 쌓아 가서 이 둘이 경敬에 의해 하나로 관통될 때 비로소 학자다운 학자로 칭해진다.

29. 심전心田에 인仁의 꽃을 피우라

기대려 해도 기댈 수 없고 다가가도 도달할 수 없다면, 비록 그것에 의지하고 싶어도 어찌 의지할 수 있겠는가? 그러나 인仁은 스스로 마음의 어짊에서 우러나오는 것이지 남으로부터 다가오는 것이 아니므로 항상 의지依支할 만한 것이며 어기고자 하나 어길 수 없는 마음의 본연이다.

依仁齋銘

擧之莫能勝, 行之莫能至, 雖欲依之, 安得而依之. 爲仁由己,
而由人乎哉. 雖欲違之, 安得而違之.

주희朱熹의 의인재명

【해 설】

의인재명이란 인仁에 의지하는 재에 새긴 명을 말한다. 인仁을 나와 동떨어진 별개의 객체로 보아 이에 도달하기 위해 억지로 인위적인 노력을 한다면, 이는 도저히 도달할 수 없는 잘못된 방법이다. 그러나 인仁을 하늘에서 부여받은 나의 본연지성으로 간주하면 바로 내가 인에 의해 숨쉬고 인에 의해 생각하고 인에 의해 행동하고 있음을 알게 된다. 인仁의 출발점은 너와 나를 하나의 생명의 너울거림으로 바라보는 데 있다. 인간 생명의 본질은 구획된 것이 아니고 전체로서의 '하나'에 있다. 전체 하나로서의 넘실거림, 무궁한 상생相生의 원리, 바로 이것이 인仁이다. 그러므로 인仁에 뿌리를 내리고 인의 영양분을 흡수해야만 비로소 생명의 꽃과 향기를 피울 수 있다. 이런 측면에서 인仁은 의지할 만하고, 어기고자 해도 어길 수 없고, 버리고자 해도 버릴 수 없는 내 생명의 호흡 그 자체이다.

30. 푸른 솔 학처럼 노닐라

예술, 음악, 말 타기, 활쏘기, 셈하기, 글쓰기의 여섯 가지 기예를 스스로 터득하여 마침내 마음이 안정되고 몸이 편안해지는 상태에 이를 때, 이를 일러 참된 노님이라 한다. 이같이 집에 머물거나 여행을 떠나거나 간에 안으로 얻음이 있어야만 진정한 의미의 노님이라 칭할 수 있다. 이런 사람의 심은 정녕 고요하고 여유롭다.

游藝齋銘

藝云樂云御射數書, 俯仰自得, 心安體舒, 是之謂游. 以游以居, 嗚呼游乎, 非有得於內. 孰能如此, 其從容而有餘乎.

주희朱熹의 유예재명

【해 설】

유예재명이란 예술 등의 기예에 몸담아 여유롭게 노니는 재에 새긴 명을 뜻한다. 위 글은 동양의 군자가 갖추어야 할 여섯 가지 기예技藝를 논한 글이다.

그런데 진정한 기예는 손길에서 만드는 한낱 기술로 끝나서는 안 되고, 이를 바탕으로 내심의 인격인 덕과 연결될 수 있어야만 비로소

_81

완성될 수 있다. 즉 기예가 삶·앎과 일체가 되어 덕성으로 무르익을 때 비로소 진정한 예술혼으로 피어날 수 있다.

31. 수행의 날개로 진애塵埃를 벗어나라

나의 덕을 지키고 길러서 성인의 학문에 이르기를 바라고, 마음의 신명神明을 보존하고 드러내어 더러움과 탁함에서 벗어나기를 바란다.

崇德齋銘

尊我德性, 希聖學兮, 玩心神明, 脫汙濁兮.

주희朱熹의 숭덕재명

【해 설】

숭덕재명이란 덕을 숭배하는 재에 새긴 명을 말한다. 무엇이 옳은지 무엇이 바른 길인지 모르는 혼란스러운 세상에 덩달아 중심도 없이 갈팡질팡 살아갈 것이 아니라, 각종 외물에 이끌리어 가는 감각을 잘 다스려 안으로 수렴하여 내 속에 있는 밝은 덕을 숭배하고, 이를 밝혀 가는 것을 삶의 여정으로 삼아야 한다. 이런 삶이야말로 덕성을 두텁게 하고 인仁의 범위를 넓혀 가는 풍성한 삶이다. 자연의 흐름과 더불어 육체가 노쇠해지는 것도 한스러운 일인데, 언제나 그 자리에서 밝은 빛을 발하고 있는 마음마저 노쇠하게 만들어 버린다면 이 얼마나 개탄스런 일인가?

비록 세월과 더불어 육체의 빛과 미를 잃어 갈지라도 절제되고 수행된 심心의 빛은 언제나 그 자리에서 순수를 더하고 성스러운 느낌마저 자아낸다. 어찌 심의 본자리에 늙고 병듦이 있고 삶과 죽음이 있고 성스럽고 더러움이 있으며 너와 나의 구별이 있겠는가? 이 자리가 곧 지선至善의 자리이다.

32. 한 알의 흙을 모아 산을 만들라

예절과 음악을 적절하게 사용함으로써 중용中庸의 덕을 기르고, 조그만 일에도 정성과 근면을 다함으로써 장차 큰일을 도모한다.

廣業齋銘

樂節禮樂道中庸兮, 克勤小物秦慮公兮.

주희朱熹의 광업재명

【해 설】

광업재명이란 업을 확충하여 널리 펴는 재에 새긴 명을 말한다. 예절의 형식을 너무 지나치게 숭상하면 실속이 없는 딱딱한 겉치레의 허위로 흐르기 쉽고, 예절의 형식을 너무 소홀히 하면 방탕한 행동으로 흐르기 쉽다. 음악도 너무 지나치면 이성과 논리가 결여된 감정적인 행동으로 흐르기 쉽고, 너무 소홀히 하면 지나친 이성으로 무장된 차가운 인간으로 전락하기 쉽다. 그러므로 음악과 예절은 그 중용의 묘가 무엇보다 우선한다.

그리고 어릴 때부터 일상생활의 자그만 일에도 정성과 최선을 다하는 습관을 기름으로써 이를 확충하여 보다 큰 공을 이루도록 해야 한다.

　이같이 중용과 함께 매사에 정성과 최선을 다하는 태도는 어릴 적 부터 길러 주어 마치 사업을 확장해 가듯이 이를 연령과 더불어 마땅히 넓혀 가도록 해야 한다.

33. 천지의 넓은 품에 맑게 머물라

  자신의 사사로운 인욕人欲을 이겨서 천리天理를 되찾고, 이 되
찾은 천리의 넓은 품안에서 안거安居하여, 자신의 오염되고 잘
못된 점을 스스로 깨끗이 하고 바르게 고쳐 간다.

居仁齋銘

勝己之私, 夏天理兮, 宅此廣居, 純不己兮.

주희朱熹의 거인재명

【해 설】
  거인재명이란 항상 인仁의 자리에 머물 것을 강조하는 재에 새겨
놓은 명을 뜻한다. 인간은 누구나 몸이 있기 때문에 사사로운 욕심에
이끌리기 쉬운 약점을 지니고 있다. 그래서 인욕은 강하고 도심道心은
미세하다고 일컫는다. 그러나 일단 인욕의 감옥을 부수고 나와 무한히
펼쳐져 있는 천리의 자리에 서면 모든 것이 하나의 광명천지로 전개
된다.
  사사로운 인욕의 좁은 흙탕물 속에서 아무리 몸을 씻고 씻어도 더
러움을 없앨 수 없지만, 이곳을 나와 광활한 천리天理의 호수 속으로
들어서면 단 한 번의 목욕으로도 해묵은 더러움을 없앨 수 있다. 바로

이 호수가 인仁의 자리이다. 이 인仁의 자리에는 너와 나를 경계 짓는 분별심과 이기심을 가지고 있는 한 결코 들어설 수 없다.

"군자는 항상 천하의 넓고 넓은 자리에 거하여야 한다"는 말 속의 이 자리는 물리적 · 공간적 자리가 아니고 심의 활동 무대이며 동시에 심 그 자체의 용량인 인仁의 자리를 말한다.

34. 사사로운 정으로 친소를 구별 말라

너와 나를 구별하여 친소親疏에 빠지는 것을 부끄럽게 여기며,
오로지 내 마음 속의 천리天理를 보존하고 넓혀 가는 데 전념한
다면 허물이 없을 것이다.

由義齋銘

羞惡爾汝, 勉擴充兮, 遵彼大路 行無窮兮.

주희朱熹의 유의재명

【해 설】

유의재명이란 모든 일을 의로움(義)에 근거해야 한다는 재에 새긴
명을 말한다. 의義란 삿된 생각을 벗어나 공명정대한 천리天理의 자리
에 우뚝 서서 티끌만큼의 흔들림도 없이 생활해 가는 것을 말한다. 경
敬으로써 내면을 가지런히 하고 의義로써 외면 행위를 바르게 한다는
'경이직내敬以直內 의이방외義以方外'의 말처럼, 의란 밖으로 드러나는
일상생활의 행위에 초점을 둔 개념이다. 일반적으로 우주의 마땅한 도
리인 리理가 인간의 심에 품부된 것을 성性이라 한다. 이 성性의 내면
적 방향, 즉 성이 내면적으로 인욕에 물들지 않은 채 원래의 순수한
빛을 그대로 유지토록 하는 자세를 경敬이라 하고, 심 속의 성性이 바

_89

겉으로 드러나 일상생활의 여러 가지 행위의 법도와 합치되도록 신중히 살피는 자세를 의義라고 한다.

결국 경敬과 의義는 성性을 바탕으로 한다는 점에서는 서로 동일하다. 하지만 그 성을 추구하는 방법에서 경은 천리와 인욕을 구분하고 천리를 따르려는 내면 성찰에 중점을 둔 반면, 의는 일상생활의 드러나는 행위에 중점을 둔다는 점에서 서로 구분된다.

35. 홀로 박수치며 그림자와 즐기라

　옛 선인들은 스스로의 타고난 명덕明德을 밝히는 '위기지학爲己之學'을 했는데, 오늘날의 사람들은 남에게 자신을 드러내기 위한 '위인지학爲人之學'을 한다.

　스스로를 위하는 '위기지학'은 먼저 그 몸을 정성되게 하여, 군신君臣 간의 의리와 부자父子 간의 인仁을 소홀히 하지 않고 부지런히 밝혀 그 혜택이 두루 넘쳐 만물에까지 이르도록 한다.

　반면에 '위인지학'은 겉으로 보기에 봄꽃처럼 화려하여, 암송하는 수려한 문장과 능숙한 수數는 힘이 되고 편찬한 여러 권의 책은 자랑거리가 되며, 네 마리의 말이 끄는 수레와 황금빛 옷 등은 세인의 눈을 부시게 하는 충분한 광영이 된다. 그러나 이것은 세속인의 눈에는 부귀영화이지만, 진정한 군자의 눈에는 부끄러움이 된다.

　그런데 자신을 위한 '위기지학'과 남에게 돋보이기 위한 '위인지학'은 그 첫 단서를 구분하기가 매우 어려워서, 면밀히 살피지 않으면 결국에는 오랑캐(胡越)와 같이 되어 그 간격이 천양지차로 벌어지고 만다.

　훌륭하도다. 주씨 가문이여! 선인先人의 뜻을 지극히 받들어 이 학고재 재실을 지어 날로 새롭게 하여 후손들을 바른 길로 이끌어 주는구나. 이 재실에는 문장도 있고 도道도 있으니, 여기에 따라 그 후손들이 일상생활에서 예의범절을 다 하고 밤에는 존양성찰하고 낮에는 돈독히 실행하니 어찌 의논하고 헤아림에 어려움이 있겠는가? 이같이 성인의 학문은 처음에는 어려우나 뒤에는 몸에 젖어 흡족한 상태가 되어 빠르지도 느리지도 않게 유유히 앞으로 나아갈 수 있다. 이에 명銘을 지어 처음 마음가짐을 경계하노라.

學古齋銘

相古先民, 學以爲己, 今也不然, 爲人而已. 爲己之學, 先誠其身, 君臣之義, 父子之仁, 聚辨居行, 無怠無忽, 至足之餘, 澤及萬物. 爲人之學, 燁然春華, 誦數是力, 纂組是誇, 結駟懷金, 煌煌煒煒, 世俗之榮, 君子之鄙. 維是二者, 其端則微, 眇綿不察, 胡越其歸. 卓哉周侯, 克承先志, 日新此齋, 以迪來裔. 此齋何有, 有圖有書, 厥裔伊何, 衣冠進趨, 夜思晝行. 咨詢謀度, 絶今不爲. 惟古是學, 先難後獲, 匪亟匪徐. 我則銘之, 以警厥初.

주희朱熹의 학고재명

【해 설】

　　학고재명이란 옛것을 배우고 익히는 재에 새긴 명을 말한다. 진정한 학문은 자신의 타고난 명덕明德을 밝혀 이를 토대로 자신의 생활을 바르게 하고, 나아가 주위 사람들의 생활도 바른 길로 이끌어 주는 데 있다. 그런데 요즘 사람들은 학문을 부귀영화와 출세를 위한 수단으로 생각하는 경향이 짙다. 그래서 학문과 자신이 괴리되고 앎과 행이 괴리되고 앎과 삶마저도 괴리되고 만다. 그 결과 많이 배운 사람일수록 오히려 이기적이고, 고단수의 불법을 교묘하게 저지른다.

참된 학문은 곧 닦음을 말하는 것으로 학문과 자신이 일상생활에서 하나가 된다. 그래서 앎과 행이 일치하고 앎과 삶이 조화된다. 즉 학문의 길이 곧 행의 길이고 삶의 길이 되어 일체가 일원론적인 측면에서 두루 다 원융된다.

36. 큰 샘처럼 근원을 깊게 하라

하늘과 땅 사이에 존재들이 가득 차서 그 수가 몇 만이 될지라도, 존재마다 천리天理의 흐름이 갖추어지지 않은 것이 없고 그 속에 리理가 깃들지 않은 것이 없다. 내 몸을 비추어 천리를 찾고 땅의 기氣를 살펴 덕을 두텁게 하는 일을 어찌 그칠 수 있겠는가? 하늘과 내가 한 몸이요, 나와 나 밖의 존재들이 모두 한 근원에서 시작된다. 『주역』의 몽괘蒙卦를 보면 이를 쉽게 알 수 있다. 몽괘의 외괘는 산으로 그쳐 있고, 내괘는 물로 험하게 요동한다. 멈추어 그치는 것으로는 산만한 것이 없고 험하게 요동하는 것으로는 물만한 것이 없는데, 외괘의 설명에서는 물이라 하지 않고 샘이라고 일렀는가? 샘은 처음에는 그 근원이 미약하고 그 흐름이 옅어서 쉽사리 멀리 도달하지 못할 것 같지만 결국 흘러흘러 막아낼 수 없을 정도의 흐름으로 변한다. 우뚝 솟은 산 속을 안으로 적시면서 고요히 머물다가 일단 흘러나오기 시작하면, 처음에는 한 표주박에 불과하던 흐름이 막힘이 없이 계속 흘러 끝내는 만 리에 이르게 된다. 어찌하여 그런가 하면 본래 그 근원이 그러하기 때문이다.

군자는 이를 본받아 의로운 일에는 용감히 행하는데, 행함에는 반드시 그 근원이 있고 그 근원을 살찌우고 기르면 반드시 그 몸이 확실히 다져진다. 일이 없을 때는 근원을 길러 한 마음을 맑게 하고, 일이 있을 때는 민첩하게 실행하여 만 가지 착함을 두루 베푼다. 두텁게 흐르는 냇물이 어찌 처음부터 그 근원이 두 갈래였으며, 넓고 큰 냇물이 아무리 사용해도 어찌 다함이 있겠는가? 조상의 근원이 검소하고 엄숙하였으니 오늘 그 자손이 있어 재실 문 위에 이름을 새겨 다는구나. 이를 보니 그 선대의 도가 지금도 여전히 흐르고 있음을 알겠구나. 이 몽괘를 통해 몸을 기르는 일을 어찌 어린 나이에만 그칠 것인가? 종신토록 몸을 길러 성인聖人의 땅에 이르는 거울로 삼아라.

蒙齋銘

物盈兩間, 有萬其數, 天理流行, 無處不具. 維象之顯, 理寓于中. 反而求之, 皆切吾躬, 觀天之行, 其敢遑息, 察地之勢, 亦厚于德. 天人一體, 物我一源, 驗之羲經, 厥旨昭然, 卦之有蒙, 內險外止, 止莫如山, 險莫如水. 曷不曰水, 而謂之泉. 濫觴之初, 厥流渭渭, 其生之微, 若未易達, 其行之果, 則不可遏. 有崇茲山, 潤澤所鍾, 維靜而正, 出乃不窮, 始焉一勺, 終則萬里. 問奚以然, 有本如是. 是以君子, 法取於斯. 維義所在, 必勇于爲, 維行有本, 繁德焉出, 是滋是培, 其體乃立. 靜而養源, 澄然一心, 動而敏行, 萬善畢陳. 厚化川流, 初豈二致, 溥博淵泉, 其用弗匱. 於惟簡肅, 宜有此孫, 搤名齋扉. 目擊道存. 養正於蒙, 奚必童穉, 終身由之, 作聖之地.

진덕수眞德秀의 몽재명

【해 설】

　몽재명은 재실 이름을 '몽재'라고 붙인 데 대한 서산 진덕수의 명을 뜻한다. 원래 몽蒙이란 『주역』의 몽괘蒙卦에서 따온 글자로, 상괘上

卦인 산을 뜻하는 간괘艮卦와, 하괘下卦인 물을 뜻하는 감괘坎卦로 구성
되어 있다. 우뚝하게 솟은 큰 산의 품속에 근원을 둔 샘은 처음에는
미약하게 흘러나오지만 계속 끊임없이 흘러 큰 내를 이루고 마침내
바다에 이른다. 여기서 산은 고요히 앉아 끊임없이 수행하여 덕을 길
러 가는 선비에 비유되고 있다. 마치 산이 우뚝 버티고 앉아 끊임없이
물을 안으로 안으로 머금어 마침내 때가 되면 그 물을 분출하여 거침
없이 나아가 결국 성인의 경지인 바다에 이르듯이, 군자도 일이 없을
때는 끝없이 덕을 함양하여 고요히 머물다가 일단 의로운 일이 생기
면 용처럼 일어나 과감하게 용맹정진하여 마침내 일을 이룬다. 근원이
깊은 샘은 마르지 않듯이, 평소 산처럼 앉아 마음을 잘 수행하고 덕을
함양한 사람은 언제나 그 품이 넉넉하고 덕과 향기가 마를 날이 없다.
또한 한 집안의 흐름에서도 그 윗대 조상의 덕이 잘 쌓인 집안은 그
덕의 샘이 면면히 이어져 먼 후손에 이르러도 그 덕과 그 도의 흐름
이 멈추지 않는다.(積德之家 必有餘慶) 그리고 몽蒙은 아직 어린 학동으
로 비록 지금은 모든 면에서 미약하지만 매일매일 경敬의 자세로 마음
속에 내재된 명덕明德을 밝히고 주변 생명들과 더불어 빛을 교류하면
서 수행을 계속해 가면, 작은 샘이 큰 냇물을 이루듯이 덕이 쌓여 마
침내 성현의 길에 이를 수가 있다. 그러므로 몽괘는 무한한 가능성을
지니고 있는 동몽童蒙이란 뜻도 내포하고 있다. 그러나 수행은 어찌
어린 시절에만 국한될 것인가? 경敬의 자세로 '거인욕去人欲 존천리存天
理'해 가는 수행의 길은 죽고 나서야 그만둘 종신지사終身之事가 아니
던가?

37. 경敬과 의義를 스승으로 삼으라

곤괘坤卦의 두 번째 음효陰爻는 그 덕이 곧고 방정方正함을 말하는데, 군자는 이를 본받아 도道를 행함에 떳떳함이 있다. 안으로 마음을 세우는 데는 곧음이 중요하니 오직 경敬으로써 이를 행하고, 밖으로 행할 때는 방정方正함이 중요하니 오직 의義로써 이를 행한다. 경이란 어떤 것인가? 오직 하나(天理)를 받들어 마치 신명神命이 옆에 있는 듯 두려운 마음으로 보존해 가는 것을 말한다. 의란 무엇인가? 정당한 리理를 따름으로써 사사로운 이욕利欲과 참된 도리를 구분해 가는 것을 말한다.

고요히 마음속의 천리를 보존하고 길러 가면 그 가운데 근본이 바로서서 사물과 응대함이 도리에 맞지 않음이 없다. 경敬의 위대함이여, 한 마음의 곧음은 오직 이를 통해서이다. 의義의 지극함이여, 만 가지 일의 근본이 된다. 이 경과 의는 서로 어긋나지 않으므로 둘을 함께 수행해 나가면 안과 밖이 훤히 관통하여 마침내 위로 하늘의 덕德에 도달하게 된다. 옛날 명철한 왕은 이 '경敬'과 '의義'를 스승으로 삼고 이를 단서丹書에 기록하여 소중한 자리에 보존하였다. 경은 나태함과 대립되고 의는 사욕과 대립되는데, 이 중 어느 쪽에 마음을 두느냐에 따라 화와 복이 뒤따른다. 나태한 마음이 싹트면 용렬하고 어두운 구렁

텅이로 떨어지고, 사욕이 불타오르면 이利를 좇아 미친 듯이 날
뛴다. 이 나태함과 사욕이야말로 덕을 무너뜨리는 도적이니, 원
대한 마음을 내어 마치 전쟁터에서 적을 무찌르듯 물리쳐야 한
다. 나태함과 사욕을 극복하고 나면 경과 의가 보존되어, 마음
은 곧고 행동은 방정하여 곤괘의 덕에 합치될 수 있는 것이다.
문득 재실의 편액을 보니 마치 엄한 스승이 서 있는 듯 가르침
이 다할 날이 없구나.

敬義齋銘

惟坤六二, 其德直方, 君子體之, 爲道有常. 內而立心, 曰直
是貴, 維敬則直, 不偏以陂. 外而制事, 曰方是宜, 愉義則方,
各當其施. 曰敬伊何, 惟主乎一, 凜然自指, 神明在側. 曰義
伊何, 惟理是循, 利害之私, 罔汨其眞. 靜而存養, 中則有主,
動而酬酢, 莫不中矩. 大哉敬乎, 一心之方. 至哉義乎, 萬事
之綱. 敬義夾持, 不二不忒, 表裏洞然, 上達天德. 昔有哲王,
師保是詢, 丹書有訓, 西面以陳. 敬與怠分, 義與欲對, 一長
一消, 禍福斯在. 怠心之萌, 闇焉沈昏, 欲心之熾, 蕩乎狂奔.
惟此二端, 敗德之賊, 必壯乃猷, 如敵斯克. 怠欲旣泯, 敬義
斯存, 直方以大, 協德于坤. 一念小差, 視此齋扁, 嚴師在前,
永詔無倦.

진덕수眞德秀의 경의재명

【해 설】

　수행에서 가장 중요한 두 가지 요체는 경과 의이다. 경은 내면 수
행에 중점을 두고 마음을 곧고 밝게 하여 항상 인욕과 천리의 갈림길
에서 천리를 따르고자 하는 긴장된 다짐의 자세이다. 그리고 이 경의

실천 방안은 '유정유일惟精惟一 윤집궐중允執厥中'에 있다. 오로지 면밀히 살피고 살펴 그 천리를 잡아가는 데 있는 것이다. 한편 의는 외면 행동에 중점을 두고 바깥 행동을 방정하고 단정하게 가꾸어 가는 것을 말한다.

따라서 이 경과 의는 어느 한 쪽도 수행에서 무시할 수 없다. 마치 새의 두 날개처럼 겸전쌍수兼全雙修해야만 한다. 남명 조식 선생은 '내명자경內明者敬'이라는 글귀와 '와단자의外斷者義'라는 글귀가 새겨진 검(義劍)을 몸에 차고 성성자惺惺子라는 방울을 달고 다니면서 한 생각 한 행동을 철저히 단속했다.

38. 경敬으로 천리天理를 보존하라

    하늘이 인간을 낼 때 모두에게 양심良心을 부여하였으니, 어찌 성인聖人과 어리석은 자의 차이가 있겠는가? 다만 천리를 공경하는 경敬과 욕망이 이끄는 대로 살아가는 사肆의 구별이 있을 뿐이다. 일에는 천 가지 만 가지 변화가 있을지라도 마치 임금처럼 경敬으로 다스리면 한결같이 질서가 잡히고, 만약 이 경의 벼리를 놓아 버리면 모든 질서가 무너져서 만 가지 일이 실타래처럼 얽히게 된다. 옛적부터 선인先人들은 이 경으로 스스로를 닦아 그 몸을 다스리고 천리를 보존하여 떳떳한 본성을 지켰다.

    경이란 무엇을 더 보태고 쌓아 가는 것이 아니라 오직 바름(天理)을 주인처럼 받들어 마치 살얼음 위를 밟고 가듯, 깊은 물가에 이른 듯 천리를 보존하는 데 정성을 다 하는 것을 말한다. 우선 자신의 리理에 밝게 되면 바깥의 일마다 그 속에 들어 있는 리가 훤히 드러나고 내외의 리의 음향이 마치 메아리처럼 부합되고, 그 열매는 아주 뛰어나서 다른 것과 견줄 수 없게 된다. 정동靜動과 체용體用에 관계없이 한 치도 어기거나 어긋남이 없으니 참으로 경의 위력은 하늘의 덕에 이른다 하겠다.

    아! 군자들이여, 오로지 경하고 경하라. 오래 힘써 나아가면 어떻게 하는 것이 마땅한지 스스로 알게 되니, 어렵다고 포기하지 말고, 게으르거나 서두르지 말고, 여유 없이 조급하게 굴어 마땅함을 잃는 일이 없도록 하라. 사물을 소홀히 넘기지 말고 반드시 정밀히 살피고 면밀히 생각하여, 그 발發하는 바를 관찰하여 미묘함에 이르도록 하라. 노여움과 욕심이 일어나면 천리의 근원은 막혀 버리니 잘못이 있으면 바로 고치고 착함을 보면 곧 실천하라. 이것이 곧 하늘의 명령이니 항상 몸에서 떠나지 않도록 하라. 물고기가 뛰고 솔개가 나는 그 속에 우주의 인仁이 들어있으니, 순간순간에 얻음이 있고 이를 통해 학문이 관통하면 비로소 그쳐야 할 것을 스스로 알게 된다.

아! 군자들이여, 경과 지선至善의 자리에 머물도록 힘쓰라. 나를 닦는 일과 이웃을 위하는 일은 원래 둘이 아니다. 군자의 책임은 무겁고 수행의 길은 멀지만, 그 단서는 바로 가까이 있는 경敬에서 비롯된다. 이 경의 자세에서 털끝만큼이라도 벗어나면 수행은 하늘과 땅만큼의 간격으로 어그러지고 만다. 건안공께서 스스로 옛날의 바른 도리에 힘쓰니, 이에 나 또한 명을 지어 뜻을 같이하고자 한다.

敬齋銘

天生斯人, 良心卽存, 聖愚曷異, 敬肆是分. 事有萬變, 統乎心君. 一頹其綱, 泯焉絲棼. 自昔先民, 修己以敬, 克持其身, 順保常性. 敬匪有加, 惟主乎是, 履薄臨深, 不昧厥理. 事至理形, 其應若響. 而實卓然, 不與俱往. 動靜不違, 體用無忒, 惟敬之功, 協于天德. 嗟爾君子, 敬之敬之. 用力之久, 其惟自知, 勿憚其艱, 而或怠遑, 亦勿迫切, 而以不常. 毋忽事物,

必精吾思, 察其所發, 以會于微. 忿慾之萌, 則杜其源, 有過
斯改, 見善則遷. 是則天命, 不遏于躬. 魚躍鳶飛, 仁在其中,
於焉有得, 學則不窮, 知至而至, 知終而終. 嗟爾君子, 勉哉
敬止. 成己成物, 匪曰二致. 任重道遠, 其端伊邇. 毫釐有差,
繆則千里. 惟建安公, 自力古義, 我作銘詩, 以諗同志.

장식張栻의 경재명

【해 설】

　　모든 인간은 날 때부터 천리天理라는 양심을 하늘로부터 공평히 부
여받았다. 그럼 무엇이 이같이 본바탕에서는 동등한 인간을, 어리석은
이, 현명한 이, 성스러운 이로 구별 짓는가? 바로 경敬이다. 경은 누구
에게나 천성적으로 부여되어 있는 양심 즉 천리를 보존하고 여기에
입각하여 행동하려는 스스로의 다짐을 말한다. 인간은 하루에도 수없
이 많은 생각을 하고 수없이 많은 행동을 한다. 한 생각 한 생각 일
어나고 한 행동 한 행동 일어날 때마다 자신의 육체가 부르는 욕망으
로 떨어지지 않고 천지의 정당한 도리인 천리 즉 양심의 소리를 듣고,
지키고, 키우고 이에 준하여 삶을 살고자 무릎 꿇고 기도하는 엄숙한
다짐의 자세가 곧 경이다. 바로 이 경의 자세에 투철한가 투철하지 않
은가에 따라 악인, 속인, 선인, 현인, 성인의 차이가 생긴다. 이 경의
자세로 오랜 세월 동안 수행해 가면 자신에게 내재되어 있는 명덕이
밝혀지고 학문이 관통되어, 자기 내부의 리理인 성性과 외부의 리가
합치되어 마침내 성리性理의 도가 완성되는 것이다. 이렇게 되면 나와
남이 둘이 아니고 나와 천지가 둘이 아닌 불이不二의 세계가 전개되
어, 하늘과 땅 사이의 모든 존재들은 나의 몸이요 모든 원리들은 나의
마음이라는 대인大仁의 바다에 들어서게 된다. 그러나 수행이 쉬운 것
은 아니다. 갓난애가 태어나서 한 걸음을 옮기는 데에도 일 년이라는
세월이 필요하고, '엄마'라는 소리를 내는 데에도 수개월이 걸린다. 하

물며 하늘의 도리를 통해 내 생명의 근원을 확연히 드러내어 천지와 내가 하나로 합일되어 대자유인이 되는 길이 어찌 멀고도 험하지 않겠는가? 수많은 인내와 피를 말리는 처절한 고통과 번민이 있은 후에야 가능한 것이다. 한 겨울의 살을 에는 듯한 추위를 견디지 않고 이른 봄의 매화가 어찌 그토록 진한 향기를 토해 낼 수 있겠는가? 수행자가 되는 길은 크게 태어나기 위해 겉으로는 스스로 고독의 바다 속에 빠져 한 세상 죽어 가는 과정이다.

39. 일一 속에서 수행의 열쇠를 찾으라

　사람의 마음이 하나가 되면(主一) 위태로운 것이 없으나, 어지러워지기 시작하면 백 가지 생각이 천 가닥으로 갈라진다. 오직 군자만이 스스로 하나를 지켜 외관을 바르게 하고 위의威儀를 갖추며 고요하고 단정하여 생각에 잠긴 듯 엄숙하게 할 수 있다. 그렇다면 과연 어떻게 해야 마음을 하나로 지켜 갈 수 있을까? 사물이 다가오면 그 기미를 살펴 전일全一하게 응하면 사물의 이치가 파악되고, 사물의 이치가 파악되면 내가 끌려가지 않고 사물이 나에게로 끌려온다. 이렇게 오래오래 공을 쌓아 가면 미묘한 도리도 차차 밝혀져서 고요할 때는 치우치지 않고 움직일 때는 어긋나지 않게 된다. 아! 힘써 나아가라. 일상생활의 가깝고 작은 데서부터 멀고 원대한 곳에 이르기까지 놓치지 말고 오직 이 하나의 마음을 지켜라.

主一齋銘

人之心, 一何危. 紛百慮, 走千岐. 惟君子, 克自持. 正衣冠,
攝威儀, 澹以整, 儼若思. 主于一, 夏何之, 事物來, 審其幾,
應以專, 匪可移, 理在我, 寧彼隨. 積之久, 昭厥微, 靜不偏,

動靡違. 嗟勉哉, 自邇卑, 惟勿替, 日在玆.

【해 설】
　물방울 하나하나가 사방팔방으로 흩어질 때는 힘이 없지만, 한곳으로 모여들어 어느 한 방향으로 몰아치면 파도가 방파제를 부수듯 무서운 힘을 발휘할 수 있다. 햇볕은 흩어지면 미약하지만, 돋보기로 한 지점으로 모으면 종이를 태울 수 있다. 공기도 흩어지면 아무런 힘이 없지만, 타이어 안에 집중적으로 모으면 수십 톤의 무게도 받칠 수 있다. 이같이 인간의 마음도 하나로 뭉쳐 하나의 방향을 향할 때는 무서운 능력을 발휘할 수 있다.
　그럼 수행자는 어디에 한마음을 집중하여 나아가야 하는가? 소크라테스는 "너 자신을 알라"고 하면서 자신의 존재 근원을 밝히는 데 마음을 두었고, 예수는 자신 속에 천국이 있다 하여 그 천국을 온전히 하는 데 마음을 두었고, 석가는 사람마다 부처가 될 수 있는 씨앗인 불성을 가지고 태어났다 하여 이 불성을 찾아 가꾸고 열매 맺어 생사를 뛰어넘는 각자覺者가 되는 데 마음을 두었고, 공자는 안으로 타고난 자신의 명덕을 밝히고 밖으로 사물의 이치를 궁구하여 천인합일天人合一의 경지에 이르는 데에 마음을 두었다. 그러나 이 모든 수행의 출발점은 우리의 일상생활의 중심인 '지금 여기'임을 잊어서는 안 된다.

40. 글씨 속에 숨은 얼굴을 보라

붓을 잡아 붓끝에 먹물을 적셔 종이에 글씨를 써내려 가니 오직 하나(一)가 그 안에 있다. 점을 찍거나 획을 그을 때 생각의 중심을 놓아 버리면 글씨가 거칠어지고, 아름답게 쓰려고 억지로 무리하면 정신이 흩어져서 문제가 생긴다. 다만 수행한 정신의 덕이 그 속에 피어나도록 하면 족하다.

書字銘

握管濡毫, 伸紙行墨, 一在其中. 點點畫畫, 放意則荒, 取妍則惑. 必有事焉, 神明厥德.

주희朱熹의 서자명

【해 설】

수행된 심의 차원이 바깥으로 드러난 것이 곧 얼굴이요, 말이요, 글씨이기 때문에 "얼굴과 말과 글씨는 바로 그 사람이다"는 말이 있다. 그러므로 글을 쓸 때는 생각을 놓은 채 그저 되는 대로 휘갈겨 써도 안 되고, 그렇다고 아름답게 보이려고 거짓꾸밈을 더해서도 안 된다. 다만 그 속에 자신의 진솔한 모습이 스며 있도록 쓰되, 어떤 경우든 수행자로서의 긴장된 '경敬'의 마음가짐을 놓쳐서는 안 된다.

41. 거문고의 음률로 세상을 낚으라

그대의 고요하고 조화로운 성性을 기르고 노기와 탐욕에 젖은 사심私心을 없애라. 하늘과 땅은 말이 없건만 물물物物마다 그 속에 마땅한 도리인 리理를 품고 있으니, 나는 이 거문고와 더불어 그 깊은 도리를 낚고자 한다.

紫陽琴銘

養君中和之正性, 禁爾忿慾之邪心. 乾坤無言物有則, 我欲與子鉤其深.

주희朱熹의 자양금명

【해 설】

거문고와 같은 악기는 그저 소리를 내어 귀만 즐겁게 하지는 않는다. 이 거문고가 만들어진 리理와, 이 거문고가 소리를 내는 리와, 소리의 어울림이 생성하는 리와, 나와 거문고 사이의 관계의 리와, 거문고 소리와 우주 질서 사이의 리를 동시에 궁구해 보는 것이 악기의 진정한 묘미이다. 솔개는 날고 물고기는 뛰고, 수레는 육지로 달리고 배는 바다로 가고, 감이 떨어지고 죽순이 솟는 데에는 모두 그럴만한 우주의 이법理法이 들어 있다. 그러나 보려고 하는 자만 볼 수 있고 보려고 하지 않는 자는 결코 볼 수 없다. 이 세상에 가장 큰 장님은 눈이 있어도 보려고 하는 마음 자체를 일으키지 않는 사람이다.

42. 깊은 물가를 거닐 듯 매사에 조심하라

말을 삼가고, 행동을 삿된 길로 떨어지지 않게 하고, 허물을 버리고, 몸을 단정히 하고, 얼굴을 바르게 하고, 마음을 전일全 一하게 유지하라.

窓 銘

言思忠, 動思蹟, 過思棄, 端爾躬, 正爾容, 一爾衷.

주희朱熹의 창명

【해 설】

주희는 자신의 몸을 닦기 위해 한 순간이라도 방심하는 것을 경계했다. 그래서 자주 눈에 띄는 창문에마저 이같이 경계하는 글을 써 붙여 놓고 자신의 마음을 다스렸다. 이런 태도가 곧 일상생활에서의 '경'의 자세이다.

43. 절조의 향기를 마음에 품으라

몸을 단정히 하고, 얼굴을 엄숙히 하고, 행동을 검소하게 하고, 마음을 전일專一하게 하고, 시작하면 힘써서 반드시 그 끝을 보고, 절조를 마음에 품고 종신토록 보존하라.

寫 照 銘

端爾躬, 肅爾容, 檢於外, 一其中, 力於始遂其終, 操有要保無窮.

주희朱熹의 사조명

【해 설】

누군가가 주희에게 초상화를 그려 주자 그는 파리하고 쇠약한 자신의 모습을 보고서는, "비록 몸은 늙었지만 오직 수행에 전념하여 한 생을 마치기를 원할 뿐 다른 생각은 없다"고 말하면서 위의 명銘을 초상화 위에 직접 쓰고는 종신토록 수행의 길로 매진한다. 위의 '시작이 있으면 그 과정에 힘써서 반드시 그 끝을 본다'는 내용은 주희의 수행 태도를 잘 보여준다.

44. 한걸음 한걸음 경敬으로 걸으라

의관을 바로하고 눈길을 우러러보며 마음을 가라앉히고 고요히 앉아서 저 너머 계시는 상제(天理)를 마주한다. 발걸음은 무겁게 하고, 손짓은 공손히 하고, 땅은 가려 밟아 조그만 개미집도 피해 간다. 대문을 나서면 손님을 맞이하듯 공손히 하고, 일을 대할 때는 제사를 지내듯 경건히 하고 두려워하여 잠시라도 안이한 생각을 하지 않는다. 입은 병마개를 막듯 굳게 막고, 뜻은 성城을 지키듯 성실하고 진실히 간직하여 잠시라도 경솔한 생각을 하지 않는다. 동쪽을 마음에 품고 서쪽으로 가지 않고, 남쪽을 마음에 품고 북쪽으로 가지 않으며, 하는 일에 마땅히 정성을 다하여 정신을 흩뜨리지 않는다. 두 마음을 품어 정신을 둘로 분열시키거나 뒤섞어서 셋으로 쪼개지 말고 오직 마음을 하나로 지켜 만 가지 변화를 관찰한다. 이렇게 때에 따라 한마음으로 정성을 다하는 것을 경敬의 자세라 한다. 홀로 고요히 앉아 있거나 더불어 행할 때도 천리를 어기지 않으며 안과 밖을 바르게 간직한다. 한 순간이라도 마음에 틈이 생기면 사사로운 욕심이 일어나 일파一波가 만파萬波가 되어 불을 지피지 않아도 달아오르고 얼음이 얼지 않아도 떨리게 된다. 털끝만큼이라도 차이가 나면 하늘과 땅이 서로 자리를 바꾸고 삼강三綱이 무

너지고 구법九法도 폐하게 된다. 아, 어린 학동들이여, 생각생각
마다 경으로 대하라. 이에 먹을 갈아 경계하는 말을 써서 영대
靈臺(마음)에 고한다.

敬齋箴

正其衣冠, 尊其瞻視, 潛心以居, 對越上帝. 足容必重, 手容
必恭, 擇地而蹈, 折旋蟻封, 出門如賓, 承事如祭, 戰戰兢兢,
罔敢或易, 守口如甁, 防意如城, 洞洞屬屬, 毋敢或輕. 不東
以西, 不南以北, 當事而存, 靡他其適. 勿貳以二, 勿參以三,
惟心惟一, 萬變是監. 從事於斯, 是曰持敬. 動靜弗違, 表裏
交正. 須臾有間, 私欲萬端, 不火而熱, 不冰而寒. 毫釐有差,
天壤易處, 三綱旣淪, 九法亦斁. 嗚呼小子, 念哉敬哉. 墨卿
司戒, 敢告靈臺.

주희朱熹의 경재잠

【해 설】

　　경재잠은 주희가 남헌 장식의 주일잠主一箴을 읽고 그 글의 내용이
너무 좋아 재실 벽에 써놓고 스스로를 경계한 글이다. 마음은 언제나
마치 하늘 높이 계시는 상제를 대하듯 경건히 가져야 한다. 저급한 마
음가짐에서 저급한 외모와 저급한 행위가 나오고, 경건한 마음가짐에
서 경건한 외모와 경건한 행위가 나온다. 입을 병마개 막듯 막고, 뜻
을 성문을 지키듯 지키며, 일을 대할 때는 오직 한마음으로 대하며 마
음 안팎을 항상 같이하여 자신을 속이지 않고, 혼자 있을 때나 남과
함께 있을 때나 항상 경의 자세를 잃지 않는다면 반드시 바른 삶이
따라온다. 말뚝이 바로서면 그 그림자가 바르듯이 바른 마음가짐과 바
른 생활 태도를 지니면 반드시 바르고 행복한 삶이 따라온다. 참고로

이 '경재잠'은 퇴계의 주저 『성학십도』의 제9도에 수록되어 있다.

45. 코끝의 흰 점을 응시하라

코끝에 희게 보이는 한 점이 있어 나는 항상 그 점을 응시하여, 어느 때 어느 곳에 처하든 마음을 텅 비게 하고 얼굴은 평온하게 한다. 고요함이 지극하면 숨을 내쉬되 봄날 연못의 물고기같이 고요히 하고, 움직임이 지극하면 숨을 들여 마시되 백 가지 벌레가 웅크리듯 한다. 하늘과 땅의 기운이 열리고 닫히는 묘한 이치는 다함이 없는데, 누가 있어 그 무위無爲의 일을 다스려 가는가? 구름 위에 누워 하늘을 나는 일은 내가 감히 논할 일이 아니지만, 하나(一)를 지켜 1,200살을 사는 일은 기약해 본다.

調息箴

鼻端有白, 我其觀之, 隨時隨處, 容與猗移. 靜極而噓, 如春沼魚, 動極而噏, 如百蟲蟄. 氤氳開闔, 其妙無窮, 孰其尸之, 不宰之功. 雲臥天行, 非予敢議, 守一處和, 千二百歲.

주희朱熹의 조식잠

【해 설】

'코끝의 흰 점을 응시하라'는 수행법은 불교의 선문禪門에서 흔히 사용하는 방법이다. 인간의 마음이란 본래 어디론가 자꾸 달아나는 경향이 있는데, 이처럼 바깥으로 치닫는 마음을 한곳으로 끌어모으는 것이 바로 이 수행 방법이다. 정좌나 가부좌 또는 반가부좌 자세로 고요히 앉아 시선을 코끝의 한 점에 두고 숨을 배꼽 아래 단전 부분으로 서서히 깊게 들이마시고는 한동안 고요히 있으면, 몸의 움직임도 호흡도 없는 지극히 고요한 상태가 된다. 이 고요함이 지극하면 숨을 가만히 내쉰다. 마치 얼음 밑의 미동도 없는 물고기처럼 고요히 내쉰다. 내쉼이 극에 달하면 다시 조용히 아랫배로 숨을 들이마신다. 이런 수행을 계속해 가면 마음은 태초의 우주처럼 끝 간 데 없이 텅 비고 얼굴은 호수처럼 평온해진다. 이런 상태가 지속되면 삿된 욕망과 분별심은 사라지고 천지와 서로 화和하게 되어 육체의 경계를 넘어서서 천세만세를 한마음으로 살아갈 수 있다. 그러나 구름을 타고 하늘을 나는 것과 같은 그런 황당무계한 일은 수행자가 논할 일도 아니고 원하는 바도 아니다.

46. 텅 빈 마음으로 천지의 흐름을 읽으라

　『주역』을 읽는 방법은, 우선 마음을 바르게 하고, 엄숙한 얼굴로 단정히 앉는다. 점대를 뽑아서 괘를 얻으면 효爻나 괘卦가 상징하는 말을 스스로 지켜야 할 법칙으로 삼는다. 글자는 그 새김의 뜻을 따르고, 구절은 그 숨은 의미를 헤아리며, 일은 그 밑바닥에 흐르는 이치를 파악하고, 뜻은 어느 한쪽으로 치우치지 않게 한다. 좋거나 좋지 않다는 말이 있으면 마치 그러한 일이 눈앞에 일어난 듯 살피고, 멈추거나 간다는 말이 있으면 마치 발로 직접 가고 멈추듯이 한다. 너무 광활하게 생각하여 빠뜨림이 없게 하고, 너무 좁게 생각하여 막힘이 없도록 한다. 섣불리 옳다고 하지 말고 반드시 통하겠다고 얽매이지도 말며 평상심으로 조용히 밖에서 안으로 이치를 궁구하면 만사를 관통하는 리理가 드러나게 된다. 리가 파악되어 확실히 서게 되면 일이 닥쳐와도 심은 고요히 비게 되어 작용과 응함이 비로소 드러나게 된다. 심의 본바탕은 원래 텅 비어 있으니, 가득 찬 속에 텅 빔을 기다려 텅 빈 본바탕으로 매사에 응하여 옛것을 거울삼아 오늘의 일을 다스리고 고요함으로 움직임을 제어한다. 역易은 원래 청정하고 고요하고 정미精微한 것으로 그 본바탕을 나에게서 찾아가면 움직임에 항상 길흉함이 있다. 옛날 주공周公

이 연구하고 공자孔子가 이어받은 이 학문을 정자程子가 계승하여 그 깊은 뜻을 파헤치고 체계화시키니, 마치 뭇 별이 북극성을 중심으로 운행하는 것과 같게 되었다. 아직 다하지 못한 뜻은 뒷사람을 기다리며 어리석은 제자가 외람되게 몇 마디 설명을 곁들인다.

警 學 贊

讀易之法, 先正其心, 肅容端席. 有翼其臨, 于卦于爻, 如筮斯得, 假彼象辭, 爲我儀則. 字從其訓, 句逆其情, 事因其理, 意適其平. 曰否曰臧, 如目斯見. 曰止曰行, 如足斯踐. 毋寛以略, 毋密以窮. 毋固而可, 毋必而通. 平易從容, 自表而裏, 及其貫之, 萬事一理. 理定旣實, 事來尙虛, 用應始有. 體該本無, 稽實待虛, 存體應用, 執古御今, 由靜制動. 潔靜精微, 是之謂易, 體之在我, 動有常吉. 在昔程氏, 繼周紹孔, 奧旨宏綱, 星陳極拱. 惟斯未啓, 以俟後人, 小子狂簡, 敢述而申.

주희朱熹의 경학찬

【해 설】

『주역』은 주나라의 역을 말한다. 물론 주역이 등장하기 전에 우리 민족 고유의 혼역桓易, 하나라의 연산역, 은나라의 귀장역도 있었다. '역易'은 원래 카멜레온의 겉모양을 형상화한 글자로 '변화'를 상징한다. 천지의 운행은 잠시도 쉬는 때가 없다. 마치 바다의 파도처럼 항상 출렁인다. 바로 이 쉼 없는 천지의 변화 속에 '변화하는 존재로서의 내가 어떻게 머물고 나아가며 천지의 변화와 더불어 조화롭게 상생할 수 있느냐'를 연구하는 학문이 곧 역이다. 그러므로 역은 변화의 중심에 서서 변화의 방향을 잡아가는 나의 마음 본바탕이 무엇보다 중요하다. 사욕과 집착으로 가득 찬 마음을 텅 비게 하면 그 자리에 천리가 드러나서 천지 변화의 파동과 조화되어 막힘이 없이 순조롭게 생을 이끌어 갈 수 있다. 그러나 내 마음이 사리사욕과 탐심으로 가득 차서 인욕이 천리를 누르게 되면 나의 흐름이 천지의 흐름에 역행하여 하는 일마다 막히고 어려워진다. 그러므로 역을 한다는 것은 곧 내 마음을 비워서 인욕을 없애고 천리를 드러내는 수행 과정과 일치한다. 『주역』의 첫머리에 있는, 주역 점을 치는 자세로 "먼저 네가 할 수 있는 최선을 다한 후에 정성된 마음으로 점을 치고, 한 가지 일을 가지고 두 번 점치지 말라"라는 내용은 주역을 공부하는 자세에 많은 시사점을 던져 준다.

47. 인仁을 펼쳐 만물을 사랑하라

 만물이 많고 많아도 그 생겨남에는 다함이 없다. 누가 이를 관장하는가? 우주의 운행하는 모습을 보면 음陰에 닫히고 양陽에 열리며 한 번 고요하고(靜) 한 번 움직이면서(動) 무리가 없이 자연스레 전체의 묘용을 드러낸다. 복괘를 살펴보면 맨 아래 양효가 하나뿐이고 그 위로 전부 음효인데 어찌 밝다고 말하는가? 이는 천지의 마음으로 모든 만물이 남김없이 때를 기다려 바로 이 하나의 근본에 시초를 두고 끝없이 거듭거듭 생겨 나오기 때문이다. 이런 천지의 낳고 낳는 아름다운 덕이 인간의 본성 속에 들어 있는데, 이를 인仁이라 한다. 이 인은 조그만 방촌方寸 속에 갖추어져 있지만 펼치면 천리를 감싸고도 남음이 있고, 싹을 내면 모든 만물에 대한 자비로운 마음이 된다. 바로 이 인仁의 마음을 확충해 가는 것을 사해四海의 준칙으로 삼는다. 지금 수수하고 정갈한 옷으로 몸을 가리고 마음을 깨끗이 하여 문을 닫고 앉아 복희씨의 영정影幀을 우러러보며, 각종 전傳을 모아 역경을 연구하면서 결코 게으르지 않기를 기약하며 이 찬贊을 짓는다.

復卦贊

萬物職職, 其生不窮. 孰其尸之. 造化爲功, 陰闔陽開, 一靜
一動, 於穆無彊, 全體妙用. 奚獨於斯. 潛陽壯陰, 而曰昭哉,
此天地心. 蓋翕無餘, 斯闢之始, 生意闖然. 具此全美, 其在
于人, 曰性之仁. 斂藏方寸, 包括無垠, 有苗其萌, 有惻其隱.
于以充之, 四海其準. 曰惟兹今, 眇綿之間, 是用齋戒, 掩身
閉關, 仰止羲圖, 稽經協傳, 敢贊一辭, 以詔無倦.

주희朱熹의 복괘찬

【해 설】

　복괘의 상괘上卦는 땅을 뜻하는 곤괘로 되어 있고, 하괘下卦는 우레
를 뜻하는 진괘로 되어 있다. 전체 괘상은 땅 속에 우레가 내장되어
있는 형상이다. 겨울에 꽁꽁 얼어붙은 땅 아래에는 아무런 생명체도
없는 듯이 보이지만, 사실은 마치 식은 재 속에 감춰져 있는 하나의
불씨같이 생명체가 숨어 있다. 이것은 복괘의 효상에서 하나의 양효가
다섯 개의 음효 아래 숨어 있는 형상과 유사하다. 그래서 봄이 되면
마치 우레가 하늘로 솟아오르듯이 땅 속에서 수많은 생명체들이 고개
를 쏙쏙 내민다. 바로 이것이 뭇 생명을 끝없이 낳고 기르고 갈무리하
는 천지의 마음이다. 이런 천지의 어진 마음을 일러 천지의 인仁이라
하고, 이 천지의 인仁이 인간의 본성 속에 부여된 것을 일러 인간의
인仁이라 한다. 그리고 이 인의 작용을 일컬어 '측은지심惻隱之心'이라
한다. 이 인仁은 비록 인간의 마음 속에 감추어져 있지만 펼치면 온
천지를 끌어안고도 남음이 있을 정도로 다함이 없다. 인간이 수행한다
는 것은 곧 내 마음 속의 이 인仁의 씨앗을 발아시켜 기르고 확충하
여, 나를 사랑하고, 이웃을 사랑하고, 민족을 사랑하고, 인류를 사랑하
고, 나아가 모든 유정有情 무정無情의 존재들을 사랑하는 것을 말한다.
그리고 이 인仁의 지극한 자리가 곧 홍익인간이다.

120_

48. 천지의 마음을 본받으라

천지의 마음은 그 바탕이 비록 미묘하지만 움직임의 단서를 살피면 그 드러남을 알 수 있다. 그럼 그 단서는 무엇인가? 끊임없이 만물을 생성하는 힘이다. 뭇 만물들은 이 천지의 생성하는 힘에 의지하여 삶을 이어간다. 천지의 만물을 낳고 기르는 이 마음이 인간에게는 곧 측은지심이 된다. 이처럼 측은히 여기는 순수한 마음이 곧 천명이고, 순수하지 않은 마음은 천명이라 할 수 없다. 의義와 예禮와 지智도 비록 그 위치는 서로 다르지만 모두 이 측은지심인 인에 바탕을 두고 있다. 그럼 이 순수한 인仁의 마음을 어떻게 보존할 것인가? 낮에는 힘쓰고 밤에는 삼가고 두려워한다. 잠시라도 방심하면 이 생성의 도는 멈추고 만다. 이 마음을 보존하고 길러 가서 경敬의 태도가 확립되고 의義가 모이면 "다시 살아나 형통하여 출입에 병통이 없다"는 복괘의 괘사가 성립한다.

復卦義贊

天地之心, 其體則微, 于動之端, 斯以見之. 其端伊何, 維以生生. 羣物是資, 而以日亨. 其在於人, 純是惻隱. 動匪以斯,

則非天命. 曰義禮智, 位雖不同, 揆厥所基, 脉絡該通. 曷其
保之. 日乾夕惕. 斯須不存, 生道或息. 養而無害, 敬立義集,
是爲復亨, 出入無疾.

장식張栻의 복괘의찬

【해 설】

천지가 끊임없이 만물을 낳고 기르는 것을 인仁이라 한다. 이 천지
만물이 멸망하지 않고 계속 유지되는 것은 모두 이 천지의 인 덕분이
다. 이같이 인간도 천지의 마음을 본받아 뭇 생명을 낳고 뭇 생명을
기르는 인을 실천해야 한다. 인간이 인간다울 수 있고 인간 사회가 멸
망하지 않고 계속 번성할 수 있는 것은 모두 인간이 가지고 있는 이
인仁의 묘용 덕분이다. 인仁이란 실로 위대하다. 요컨대, 인이란 곧 천
지의 생생지도生生之道인 동시에 인간의 생생지도이다.

49. 근본을 지켜 성현을 보라

사람은 하늘의 성품을 본받아 스스로 바르니 그 떳떳함을 힘써 지켜 가면 어긋남이 없게 된다. 그러나 사물에 감응할 때는 비록 하루 동안에도 때로는 어긋나기도 하고 때로는 바르기도 하는데 이같이 움직임에 절도를 잃게 되면 생생生生의 도道마저 멈추게 된다. 그러므로 학문에는 근본이 있으니, 이 근본을 경敬으로써 지키고 잃지 않아야만 지킬 것(天理)과 버릴 것(人欲)을 몸소 겪어서 마음의 들고 남을 알게 된다. 그럼 경敬은 어떻게 하는 것인가? 오직 하나를 지키고 받들어 가는 데에 그 묘방이 있다. 그럼 하나를 지킨다는 것은 무엇인가? 오직 상대하는 것이 없는 전일全一한 상태를 말하는 것으로, 혼자 가만히 앉아 있어도 잡념이 없고 일을 당하여서도 오직 그 일에만 몰두하여, 마음이 중中에 머물러 잊어버리지도 않고 수선을 떨지도 않는 집중의 상태를 말한다. 이렇게 경의 상태를 한순간이라도 놓치지 않고 보존하고 쌓아 가기를 오래 하면 심의 묘용이 정밀해져서 마침내 지극한 경지를 알게 된다. 이같이 부지런하고 게으르지 않으면 성현聖賢을 본받을 수 있다.

主一箴

人稟天性, 其生也直, 克愼厥彝, 則靡有忒. 事物之感, 紛綸
朝夕, 動而無節, 生道或息. 惟學有要, 持敬勿失, 驗厥操舍,
乃知出入. 曷爲其敬. 妙在主一. 曷爲其一. 惟以無適, 居無
越思, 事靡他及, 涵泳于中. 匪忘匪亟, 斯須造次, 是保是積,
旣久而精, 乃會于極. 勉哉勿倦, 聖賢可則.

장식張栻의 주일잠

【해 설】

　'정신일도精神一到 하사불성何事不成'이란 말이 있다. 마음을 한곳에
집중하여 계속 밀고 가면 세상에 이루어지지 않는 일이 없다는 뜻이
다. 그런데 보통사람은 마음을 한번 모으기도 전에 일을 포기하고 만
다. 혹은 마음을 집중한다 하더라도 50%, 60%, 기껏 해도 70%선에
서 스스로 정성을 다했다고 속단하고 물러서고 만다. 99%와 100%는
분명히 다르고, 99.999%와 100%도 엄연히 다르다. 미국의 우주왕복
선 챌린저호가 99.9999%는 완벽했는데, 0.0001%가 잘못되어 발사 후
1분이 채 되기 전에 폭발하여 아까운 생명들을 앗아가고 말았다. 이
같이 마음의 집중, 어설픈 집중이 아니라 100% 뚜렷한 목표를 향한
무서운 집중, 바로 여기에 사람을 변화시키는 비밀이 숨어 있다.

50. 집 나간 가축보다 잃어버린 마음을 찾으라

순 임금이 우 임금에게 건네 준 열여섯 글자는 오래도록 심학의 연원이 된다. 인심人心이란 어떤 것인가? 형기形氣에서 생겨났으므로 좋아하기도 하고 즐거워하기도 하고 화를 내기도 하고 원망을 하기도 하는데, 오로지 욕심에 바탕을 두고 있으므로 타락하기 쉽다. 이를 두고 '인심은 위태롭다'고 한다. 그러므로 인심은 눈 깜짝할 사이라도 그대로 놓아두면 뭇 허물이 따르게 된다. 그럼 도심道心이란 어떤 것인가? 성性과 명命에 뿌리를 두고 의義와 인仁과 중中과 정正을 두루 갖춘 것으로 곧 리理를 말한다. 순수한 리이므로 형태가 없고, 형태가 없으므로 이른바 '도심은 미세하다'고 한다. 미세하므로 털끝만큼이라도 방심하면 보존하기가 어렵게 된다. 이 인심과 도심 사이에는 본래 뚜렷한 구분이 있는 것이 아니므로 이것을 살필 때는 정밀히 살펴야만 흰 것과 검은 것을 구별하듯 뚜렷이 구분할 수 있고, 인심과 도심을 뚜렷이 구분해야만 앎에 이르게 되고, 인仁을 지켜야만 비로소 지知와 인仁이 각각 시작과 끝이 되어 하나로 연결된다. 오로지 정밀히 살펴 도심 하나를 보존해야 하므로 '일一'이라 하고, 하나이므로 '근본'(中)이 된다. 성현聖賢들께서 번갈아 일어나 심법을 말했는데, 순 임금이 근본을 세웠으며, 우 임금이 이를 전수받아 만사의 규범으로 삼고 후인들의 수행의 지침이 되게 했다. 늘 삼가고 두려워하며, 특히 혼자 있을 때 근신勤愼하고 삿된 생각을 막고 참됨을 보존하며 성냄을 막고 탐욕을 버려야 한다. 상제上帝께서 항상 너의 곁에 강림해 계시니 어찌 한시나마 삿된 생각을 할 것이며, 비록 구석진 방이 은밀하다 해도 어찌 부끄러운 행동을 자행할 것인가? 사비四非는 마치 적군을 공격하듯 막아야 하고, 사단四端은 이미 발했으면 이를 널리 확충해 가야 한다. 사사로운 생각이 일어나면 마치 구름을 걷듯이, 혹은 깔고 앉은 자리를 말아 치우듯이 없애야 하고, 사랑과 인仁의 마음이 싹트면 마치 훈훈한 봄바람에 만물이 자라나듯 길러야 한다. 닭이나 개가 우리에서 나가면 다시 찾을 마음을 내고 소나 양을 기르면 산의 풀을 다 뜯어 먹어 혹시 민둥산이 되지 않을까 염려하듯 찾고 경계하는 마음을 미리 지녀야 한다. 손가락, 어깨, 등(背)의 셋 중 어느 것이 귀하고 어느 것이 천하겠는가? 비록 표주박 속의 거친 밥 한 그릇이든지 엄청난 만큼의 돈이든지 간에 이를 앞에 두고 거절할 것과 받을 것을 분명히 가려야 한다. 인욕을 극복하고 제어하는 일과 천리를 보존하고 기르는 일은 서로서로 공功이 되어 조화되도록 해야 한다. 순 임금은 어떤 분인가? 그도 사람이 아닌가. 그래서 나도 순 임금과 같기를 기약해야 한다. 도심이야말로 모든 선의 바탕으로 하늘이 나에게 준 위대한 것이다. 이 도심을 나의 방촌으로 거두어들이면 태극이 내 몸 안에 있게 되고 밖으로 드러내어 온갖 일에 응하게 하면 그 용用의 다함이 없으니, 어찌 신령스런 거북을 귀히 여기듯 푸른 옥을 소중히 받들듯이 도심을 전심전력으로 간직하지 않겠는가? 옛 선인先人들은 오직 경敬으로써 이를 전해, 지킬 때는 오직 하나(一)로 거두어들이고 펼칠 때는 온 누리에 가득 차게 베풀었으니, 세상에 이 일보다 먼저 해야 할 일이 어디에 있겠는가? 내가 수령이 되어 한 고을을 맡게 되었으니 이에 혹시 사사로운 욕심이 도심을 막을까 우려하여 여러 선인들의 금구金句를 한자리에 모았다. 이를 통해 마음 깊숙한 곳까지 깨끗이 씻고자, 맑은 날 밝은 창 아래 비자나무 책상 앞에 앉아 향을 피우고 책을 펼쳐 내 마음 속의 도심인 천군天君을 받든다.

心 經 贊

舜禹授受, 十有六言, 萬世心學, 此其淵源. 人心伊何, 生於 形氣, 有好有樂, 有忿有懥, 惟慾易流, 是之謂危. 須臾或放, 衆慝從之. 道心伊何, 根於性命, 曰義曰仁, 曰中曰正, 惟理 無形, 是之謂微. 毫芒或失, 其存幾希. 二者之間, 曾不容隙, 察之必精, 如辨白黑, 知及仁守, 相爲始終, 惟精故一, 惟一 故中. 聖賢迭興, 體姚法似, 持綱挈維, 昭示來世. 戒懼謹獨, 閑邪存誠, 曰忿曰慾, 必窒必懲. 上帝寔臨, 其敢或貳, 屋漏 雖隱, 寧使有愧. 四非當克, 如敵斯功, 四端旣發, 皆廣而充. 意必之萌, 雲卷席撤, 子諒之生, 春嘘物茁. 雞犬之放, 欲其 知求, 牛羊之牧, 濯濯是憂. 一指肩背, 孰貴孰賤. 簞食萬鍾, 辭受必辨. 克治存養, 交致其功. 舜何人哉, 期與之同. 維此 道心, 萬善之主, 天之與我. 此其大者, 斂之方寸, 太極在躬. 散之萬事, 其用弗窮, 若寶靈龜, 若奉拱璧, 念玆在玆, 其可 弗力. 相古先民, 以敬相傳, 操約施博, 孰此爲先. 我來作州, 茅塞是懼, 爰輯格言. 以滌肺腑, 明窓棐几, 淸晝爐熏, 開卷 肅然, 事我天君.

진덕수眞德秀의 심경찬

【해 설】

　『심경』이란 퇴계 선생이 2살 때 여읜 아버지를 대신하고자, 죽는 날까지 소중히 간직하고 마치 엄부嚴父처럼 우러러 모신 책이다. 『서경』 속의 '인심유위人心惟危 도심유미道心惟微 유정유일惟精惟一 윤집궐중允執厥中'이란 16자의 심법은 모든 유학도들의 수행의 지침이 된 금구金句이다. 이 속에서 인심과 도심을 정밀히 구분하여 인심을 버리고 도심을 지켜 가는 자세는 마치 전쟁터에서 적군을 물리치듯 해야 하고, 사비四非 즉 '비례물시非禮勿視 비례물청非禮勿聽 비례물언非禮勿言 비례물동非禮勿動'—예가 아니면 보지도 듣지도 말하지도 행하지도 말라—을 생활화해 가야 한다. 특히 『심경』 속에 인용된 『맹자』의 한 부분 "우산牛山이 옛날에는 풀과 나무로 무성했는데, 풀과 나무를 심지 않고 오랜 세월 동안 그저 소와 양이 뜯어먹게 그대로 방치한 결과 이제는 민둥산이 되고 말았다"는 내용은 많은 시사점을 준다. 즉 참사람이 될 수 있는 씨앗인 도심을 기르지 않고 그저 인욕에 하루하루 이끌리다 보면 마음 속의 선과 참된 생명력은 다 소진되어 버리고, 마치 무성하던 우산이 민둥산이 되어 버리듯 그 무한한 가능성을 배태한 도심은 시들어 버리고 한낱 보잘 것 없는 늙은 가죽에 덮인 범부로 한 생애를 마감하게 된다. 이 어찌 슬픈 일이 아니겠는가? 그리고 개와 닭이 우리를 나가 돌아오지 않으면 찾느라 야단법석을 떨면서도, 정작 자신의 도심과 양심이 자기 몸 밖으로 빠져 나가 돌아오지 않아도 찾기는커녕 인욕에 덮여 나간 줄도 모른 채 그저 살아간다. 이것 또한 어찌 슬픈 일이 아니겠는가?

51. 잡초는 크기 전에 미리 뽑으라

사람이란 하늘로부터 성性을 부여받아 이를 지니고 있으니 어찌 인仁하지 않을 수 있겠는가? 사람이면서도 인仁하지 않는 것은 곧 다른 외물外物로부터 지배당함을 의미한다. 귀는 소리에 이끌리고, 눈은 색에 이끌리고, 입은 방자한 말에 이끌리고, 몸은 경솔한 행위에 이끌리어, 인욕은 드러나고 천리는 어두워져 마침내 자취를 감추고 만다. 도道가 행해지려면 오직 예禮로써 기준을 삼고, 예가 아니면 따르지 말아야 한다. 그럼 예란 무엇인가? 리理의 마땅함이 자연스럽게 펼쳐짐을 말한다. 다시 말해서 인위를 배제하고 한결같이 천리에 따름을 말한다. '물勿'이란 글자는 '하지 말라'는 뜻인데 인욕이 마치 물처럼 계속 흘러나올 때 이를 막고 방지함을 말한다. 그럼 누가 이것을 하는가? 마음이다. 이 마음을 잡는 요체는 성인들께서 서로 주고받은 '16자 심법' 가운데 바로 '일一'자에 놓여 있다. 일단 마음이 하나가 되면 행위의 저울추는 저절로 따라오게 된다. 내가 수레를 타고 갈 때 수레를 끄는 네 마리 말이 서로 엇갈려 달린다면 누가 이것을 바로잡아 수레가 길 밖으로 벗어나지 않게 하는가? 바로 말고삐를 잡은 나다. 그러므로 군자는 반드시 마음을 바르게 하여 공경하고 두려워하고며 삼가니, 드러나지 않는 일도 마치 상제가 옆에 있는 듯이 자신을 속이지 말고 조심조심 인욕을 막고 천리를 보존해 가야 한다. 일만 명의 병사도 한 장수가 명령을 내리면 천둥 같은 북소리에 맞추어 일사불란하게 바람같이 내달리니 누가 감히 장수의 명을 어길 수 있겠는가? 모든 일이 행해질 때도 오직 마음이라는 관부官府에서 나오는 천리의 명령에 의해 진행된다. 그래서 밖으로 행해서는 머물 자리에 머물러서 타락하지 않고, 안으로는 굳게 지켜서 허물없이 편안히 지낼 수 있다. 모든 도리의 밑바탕은 '경敬' 한 자에 놓여 있다. 마음 안팎이 서로 한결같이 이어지고, 고요할 때와 행할 때 언제나 바름을 지켜 가면, 강아지풀 같은 잡초는 없어지고 벼 같은 곡식은 무럭무럭 자라나며, 거친 재료가 익어 맑은 술이 되는 묘용이 마음에 넘쳐흘러 드디어 만물萬物이 봄을 맞은 듯 생생하게 피어난다. 오직 인욕을 금지하는 이 '물勿' 한 자에서 모든 선이 나오니, 이 '물勿'자를 잘 지켜 나가면 매사에 어긋남이 없게 된다.

勿齋箴

天命之性, 得之者人, 人之有心, 其孰不仁. 人而不仁, 曰爲物役. 耳蕩於聲, 目眩於色, 以言則肆, 以動則輕, 人欲放紛, 天理晦冥. 於焉有道, 禮以爲準, 惟禮是由, 非禮勿徇. 曰禮伊何, 理之當然, 不雜以人, 一循乎天. 勿之爲言, 如防止水. 孰其尸之, 曰心而已. 聖言十六, 一字其機. 機牙旣斡, 鈞石必隨. 我乘我車, 駟馬交驟, 孰範其驅, 維轡在手. 是以君子, 必正其心, 翼翼兢兢, 不顯亦臨. 萬夫之屯, 一將之令, 霆鏜颭馳, 孰敢干命. 衆形役之, 統于心官. 外止弗流, 內守愈安.

其道伊何, 所主者敬. 表裏相維, 動靜俱正, 菜盡苗長, 醅化
禮醇, 方寸盎然, 無物不春. 惟勿一言, 萬善自出. 念玆在玆,
其永無斁.

진덕수眞德秀의 물재잠

【해 설】

  '물勿'은 '금하다, 경계하다'의 뜻으로 '형기에서 우러나오는 사욕
을 경계하고 막고 금하라'는 내용을 담고 있다. 인간은 구체적인 육체
를 가지고 있으므로 이 육체에서 피어나는 인욕은 강하고 억센 반면
에 형체도 없는 천리天理인 도심道心은 미묘하고 미세하다. 그러므로
인간은 가만히 내버려두면 인욕에 이끌리기는 쉬워도 도심에 이끌리
기는 어렵다. 바로 여기에서 의도적인 수행의 자세가 요청된다. 인욕
으로 흐르기 쉬운 인간의 약점을 극복하고 미세한 천리를 보존하고
기르기 위해서는 천리 하나만을 붙들고 끝없이 정진하는 '일一'의 자
세가 필요하다. 이 일一의 자세를 견지하기 위해서는 무엇보다 인욕을
금지하는 '물勿'의 단호한 자세가 요청된다.

52. 물욕으로 흰 연꽃을 더럽히지 말라

성誠이라는 것은 자연에 바탕을 둔 하늘의 도道를 말하며, 인간은 이 성誠을 온전히 드러내려고 정성을 기울인다. 사람이 정성을 다해 하늘의 도와 하나로 합쳐질 때 하늘과 더불어 함께 하는 사람이 된다. 하늘과 사람은 그 근본이 하나이니, 창날처럼 서로 어긋난다거나 차이가 난다거나 특별히 다르다는 것들은 마음이 모두 물物에 얽매이고 유혹되어 성性이 정情으로 물들어 천리天理의 참됨(道)을 보존하기가 어렵게 된 까닭이다. 이렇게 되면 하늘과 더불어 하나가 될 수 없으며, 비록 겉모습은 사람이나 그 마음은 오히려 물物에 가깝게 된다. 위대한 상제께서 나를 사람으로 태어나게 하였으니 어찌 내가 뭇 존재들을 사랑하지 않을 수 있겠는가? 자사子思는 이 세상의 모든 존재들을 사랑하여 천리가 사욕으로 뒤덮임을 경계하고, 오직 신중히 생각함으로써 학문과 행위의 옳고 그름을 구별하고 통제하였으며, 선을 택하여 이 선을 굳게 지켜 나가는 데 부지런하였다. 성인聖人과 광인狂人이 본래 본바탕은 하나로 같건만, 광인은 인간으로 차마 하지 못하는 인仁의 본심을 스스로 포기해 버린 채 본심에서 벗어난 행동을 남들이 열 번 하고 그치면 자신은 천번을 하고도 그치지 아니하고 계속 거듭한다. 구름 걷히고 안개

개면 태허의 고요함이 그대로 드러나고, 거울 위의 티끌을 없애
버리면 거울이 다시 밝아져 원래의 온전한 밝은 빛을 되찾아
비로소 사람과 하늘이 하나가 된다. 하나가 되면 이미 경계를
따라 나뉘어졌던 분별상分別相들이 어울려 전체인 하나로 환원
되고, 여태까지의 갖가지 분별 의식들은 자취를 감춘다. 맹자가
자사의 뒤를 이어 '사성思誠'으로 거듭 강조하니, 두 현인을 거
쳐 '성誠'의 뜻이 더욱 밝아졌다. 위대하구나, 생각함(思)이여, 성
인을 이루는 근본이구나. 돌이켜 '사思'를 구하니 멀리 있지 않
고 바로 내 몸 안에 있구나.

思誠齋箴

誠者天道, 本乎自然, 誠之者人. 以人合天, 曰天與人. 其本
則一, 云胡差殊, 蓋累於物, 心爲物誘, 性逐情移, 天理之眞,
其存幾希. 豈惟與天, 邈不相似, 形雖人斯, 實則物只. 皇皇
上帝, 命我以人, 我顧物之, 抑何弗仁. 維子思子, 深憫斯世,
指其本源, 祛俗之蔽, 學問辨行, 統之以思, 擇善固執, 惟日
孜孜. 狂聖本同, 其忍自棄, 人十己千, 弗止弗已. 雲披霧卷,
太虛湛然, 塵掃鏡空, 淸光自全, 曰人與天. 旣判復合, 渾然
一眞, 諸妄不作. 孟氏繼之, 命曰思誠, 更兩鉅賢, 其指益明.
大哉思乎, 作聖之本. 歸而求之, 實近非遠.

진덕수眞德秀의 사성재잠

【해 설】

　자사子思는 『중용』에서 '성자천지도야誠者天地道也, 성지자인지도야誠
之者人之道也'라고 하며 성誠의 뜻을 더욱 극진히 했다. 즉 성誠은 하늘
의 도이고, 이 성을 항상 생각하고 일상 행동에서 그대로 드러내려고

노력하는 것이 곧 인간의 도다. 다시 말하면 만물들이 그들의 타고난 생명을 마음껏 피우도록 정성을 다 기울여 주는 것이 곧 하늘의 도인 '성誠'이다. 그리고 하늘의 뜻을 그대로 이어받아 우리의 일상생활에서 오염됨 없이 뜻이 잘 발현되도록 온갖 정성을 다 기울여 나아가는 것이 곧 '성지誠之' 혹은 '사성思誠'이고, 이것이 곧 인간의 도요 인간의 길이다. 원래 광인과 성인의 본바탕은 천지의 리理로 하나이지만, 광인은 본심을 잃고 본심을 보존하려는 정성(誠)이 없어서 결국 광인으로 전락하고 성인은 본심을 보존하고 이 본심에 따라 모든 행동을 하려는 정성(誠)이 온전하므로 결국 성인으로 변한다. 그러나 광인이 되었다고 본심마저 광인으로 바뀐 것은 아니다. 때 묻은 거울을 닦으면 원래의 밝은 빛을 되찾고 어둠에 싸인 하늘에 구름을 걷어 내면 원래 있던 밝은 달이 조금의 손색도 없이 그대로 훤히 드러나듯이, 광인과 속인의 경계는 천지의 참된 성품인 성誠을 간직하느냐 간직하지 않느냐, 다시 말해서 항상 마음속에 두고 생각하느냐 생각하지 않느냐에 따라 구별된다. '생각한다'는 뜻의 이 '사思'자 한 자가 성인과 광인을 만드는 갈림길이다.

53. 밤의 정기를 가득 마시라

겨울철 기기氣의 상태는 겨울에 나무의 기운이 뿌리로 들어가 저장되어 있는 것과 같다. 마치 초벌구이 도자기들을 가마 안에 넣고 입구를 봉한 듯 겉으로 보기에는 잠잠하여 아무런 움직임도 없는 듯이 보이지만, 끊임없는 조화와 변화의 움직임이 바로 그 안에서 일어나고 있다. 닫힘은 열림의 기초이고, 정貞은 원元의 근본이 되고, 간괘艮卦는 모든 물物의 시작과 끝을 의미한다. 하루의 낮과 밤이 360여 개 쌓여 1년이 되므로 겨울은 네 계절의 밤이 되고 밤은 하루의 겨울이 된다. 그러므로 밤은 천지간天地間의 움직이던 뭇 존재들이 마치 천지가 아직 나누어지기 전 태초의 고요 속에 잠들어 있는 때와 같다. 사람의 몸도 해가 져서 쉬고자 할 때는 마땅히 이 만물의 조화를 따라야 한다. 반드시 그 마음을 재계하고 그 몸가짐을 엄숙히 하여, 오만하고 방자한 마음이 돋아나 인욕이 활개를 쳐 되는대로 침대 위에 몸을 맡기는 일이 없도록 속마음을 단속해야 한다. 비록 낮 동안은 천리天理를 보존하기에 부지런했더라도, 마음이 해이해지기 쉬운 밤에 한순간이라도 틈을 보여 고개를 내미는 인욕을 단속하지 못한다면 어떠한 공功도 없게 된다. 들은 대로 곧바로 실천할 수 있는 바르고 참된 마음의 터전 위에서 잠자리에 들면 우선 몸이 편안하고, 천지의 맑은 밤기운이 쌓여 어질고 의로운 인의仁義의 마음이 더욱 두텁고 넓어져 간다. 근본이 확립된 후에 사물을 대할 때마다 그 이치를 깊이 성찰하고 경敬과 의義를 지키어 동정動靜 간에 함께 길러 가면 인욕人欲이 들어올 틈이 없어지고 천리天理가 밝고 느긋한 가운데 더욱 뚜렷이 드러난다. 앎인 지知는 어느 정도 달했으나, 만물을 내 몸같이 사랑하는 인仁의 경지에 달하지 못하면 모든 지식은 헛된 장식품으로 끝나고 만다. 이에 잠箴을 지어 마치 바늘로 몸을 찌르듯 육체가 병들고 마음이 더럽혀지지 않도록 스스로 경계하고자 한다.

夜氣箴

子盍觀夫, 冬之爲氣, 乎木歸其根. 蟄坏其封, 凝然寂然, 不見兆朕, 而造化發育之具實肧胎, 乎其中. 蓋闔者闢之基, 貞者元之本, 而艮所以爲物之始終. 夫一晝一夜者三百六旬之積, 故冬爲四時之夜乃一日之冬. 天壤之間羣動俱閒窈乎. 如未判之鴻濛. 維人之身嚮晦宴息, 亦當以造物而爲宗. 必齋其心, 必肅其躬, 不敢弛然, 自放於牀, 第之上使慢易非僻得以藏吾之衷. 雖終日乾乾, 靡容一息之間, 斷而昏冥易忽之際, 尤當致戒謹之功. 蓋安其身所以, 爲朝聽晝訪之地. 而夜氣深厚, 則仁義之心, 亦浩乎其不窮. 本旣立矣, 而又致察於事物周旋之頃, 敬義夾持, 動靜交養則, 人欲無隙之可入, 天理皦乎其昭融然. 知及之而仁不能守之, 亦空言, 其奚庸爰. 作箴以自砭, 常懍懍乎瘝恫.

진덕수眞德秀의 야기잠

봄은 원元이고 목木 기운으로 생명을 싹틔우고 지상 위로 그 모습을 드러나게 한다. 여름은 형亨이고 화火 기운으로 생명을 분열 성장시켜 무성히 자라게 한다. 가을은 이利이고 금金 기운으로 생명을 수렴하고 결실하게 한다. 겨울은 정貞이고 수水 기운으로 생명을 저장시키고 본자리로 돌아가 고요히 쉬면서 다음 봄을 준비하게 한다. 봄 여름은 하루의 낮이요, 가을 겨울은 하루의 밤이다. 그러므로 밤에는 마치 나무가 겨울 동안 모든 기운을 씨앗이나 뿌리로 수렴하여 땅 속에서 휴식을 취하며 동시에 다가올 봄을 준비하듯이, 수행자는 고요히 잠을 청하는 가운데 맑은 야기夜氣를 축적해야 한다. 만약 밤마다 이 맑은 야기를 기르고 축적하지 않으면 마치 저 무성했던 우산牛山이 소와 양에게 계속 뜯겨서 마침내 돌이킬 수 없는 민둥산이 되고 말 듯이, 사람도 타고난 풍성한 생명력이 소진하여 마침내 사랑도 정도 없는 차가운 인조인간으로 화하고 만다. 그러므로 자칫 인욕으로 흐르기 쉬운 밤에는 스스로 삼가고 조심하여 절도 있게 기운을 제어하고 편안한 잠 속에서 맑은 야기를 흠뻑 받아서 내일의 활동을 준비해야 한다. 그래서 수행자들은 밤 10시부터 새벽 3시까지를 야기가 가장 충만한 시간대로 보고 이 시간대는 모든 활동을 중지하고 수면을 취하거나 고요히 좌선에 몰입한다.

54. 하나의 외물外物도 허용하지 말라

대체로 사람의 마음은 풀려나서 달아나기 쉽다. 붙들면 보존되지만, 내버려두면 들고 나감이 망령되어 걷잡을 수 없게 된다. 경敬이란 글자는 그 뜻이 매우 정밀하니 배우는 사람이 마땅히 가슴에 간직하여 방촌方寸에 거두어들여서 하나의 외물外物도 허용하지 말고 그대로 보존해야 한다. 마치 신령스런 사당祠堂에 들어가듯, 엄격한 군율軍律을 받들 듯, 가지런하고 엄숙하고 단정하고 장중하고 고요하고 삼가고 조심하고 두려워하는 한결같은 마음으로 임해야 한다. 마치 큰 손님을 맞이하듯 경솔하지 않고, 마치 큰 제사를 받들듯 오만하거나 소홀하지 않아야 한다. 보고, 듣고, 말하고, 행동함에 예禮가 아니면 행하지 않고, 충忠과 신信을 전수받아 익히고, 스스로 몸을 반성하고, 희로애락이 피어나기 이전의 마음 상태인 중中을 유지하는 것을 정신과 마음을 드러내는 묘방으로 삼아야 한다. 또한 밖으로 행동을 단속하여 온몸이 언제나 깨어 있도록 하고 하루하루가 새로운 날이 되도록 정성을 다해야 한다. 감히 이 글을 빈 방에 새겨 경계하고자 한다.

敬 箴

維人之心, 易於放逸. 操存舍亡, 或入或出. 敬之一字, 其義
精密, 學者所當, 服膺弗失, 收斂方寸, 不容一物. 如入靈祠,
如奉軍律, 整齊嚴肅, 端莊靜一, 戒愼恐懼, 兢業戰栗. 如見
大賓, 罔敢輕率, 如承大祭, 罔敢慢忽. 視聽言動, 非禮則勿.
忠信傳習, 省身者悉. 把捉於中, 精神心術. 檢束於外, 形骸
肌骨, 常令惺惺, 又新日日. 敢以此語, 鏤于虛室.

오징吳澄의 경잠

【해 설】

　　사람의 마음이란 미묘하여 '있다'고 하면 있고 '없다'고 하면 없다.
거두어 방촌에 두면 온갖 사물을 낳고 기르고 갈무리하는 천지의 힘
과 하나가 되지만, 놓아 외물에 끌려가게 내버려두면 마치 뒹구는 낙
엽처럼 한낱 욕망의 노예로 전락하고 만다. 바로 이 미묘한 마음을 모
으고 거두어들이고 기르고 간직하여 의연한 천지의 대행자가 되도록
스스로를 이끌어 가는 한결같은 자세가 곧 경敬이다.

55. 훈훈한 봄바람으로 예리한 가시를 녹이라

'화이불류和而不流'는 『중용中庸』에 들어 있는 교훈이다. 안자顔子께서는 언제나 화락하셨고, 공자孔子께서는 온화하고 공손하셨다. 공자와 안자는 너무 먼 고인이니 누가 있어 그 정신을 이을 것인가? 송나라 때 주염계 선생과 정명도 선생이 계셨으니, 두 선생은 원기元氣가 모이고 순박한 덕德이 있어 마치 해와 같고, 상서러운 구름과 같고 밝은 달 아래의 풍경과 같아서, 정원의 풀을 뽑지 않아도 그 뜻과 생각이 넓고 온화하였다. 천지가 만물을 낳는 기상은 화和에 근원을 두고, 만물은 바로 이 하늘의 화和와 더불어 각자의 경계를 뛰어넘어 서로 통한다. 네 계절의 조화로운 순환에 흥취가 있으니, 주위 사람과 더불어 함께하고 뾰족한 모난 자리는 흥건히 적셔 그 예리함을 없앤다. 봄 같은 온화한 가슴속은 마치 아름다운 옥이 맑은 물을 머금은 듯, 술이 짙게 익은 듯하고, 얼굴은 맑고 깨끗하고, 뒷모습은 물동이가 가득 찬 듯 원만하고, 말하는 기색은 온화하고 조용하며, 사람을 대하고 사물을 접하는 태도는 푸근한 덕으로 싸여 있다. 이 모든 것은 온화하고 순수한 화기和氣를 평소에 함양한 공덕이다. 감히 이 말을 새겨서 몸에 패물처럼 지니고자 한다.

和 銘

和而不流, 訓在中庸. 顔之愷悌, 孔之溫恭. 孔顔往矣, 孰繼
遐蹤. 卓彼先覺, 元公淳公, 元氣之會 淳德之鐘. 瑞日祥雲
霽月光風, 庭草不除, 意思沖沖. 天地生物, 氣象融融, 萬物
靜觀, 境與天通. 四時佳興, 樂與人同, 泯若圭角. 春然心胸,
如玉之潤, 如酒之醲, 晬面盎背, 辭色雍容, 待人接物, 德量
舍洪. 和粹之氣, 涵養之功. 敢以比語, 佩于厥躬.

오징吳澄의 화명

【해 설】

　『중용』에서는 희로애락이 발하기 전의 고요한 상태를 중中이라 하
고, 발하여 절도에 맞는 것을 화和라 한다. 바로 이 화和야말로 만물을
낳고 기르는 천지의 마음이며 뭇 존재들이 분리되고 구획된 자신의
경계를 훌훌 열고 나와 하나로 어울리는 대문이다. 그래서 모든 위인
들은 바로 이 화和의 마음을 귀하게 여겼다. 만물을 따스하고 온화하
게 감싸주는 큰 덕을 기르는 바탕이 곧 이 화和이며, 모든 만물을 소
생시키는 봄의 따스한 입김 또한 바로 이 화和이다. 이 따스한 화和의
마음을 바탕으로 한 작은 생명의 애틋함을 알고, 한 작은 생명의 고뇌
를 알고, 한 작은 생명의 고독을 알고, 한 작은 생명의 애환을 알고,
한 작은 생명의 눈물을 안다. 바로 이 작은 생명을 감싸주고 지켜주려
고 여태까지 굳게 닫아 두었던 따스한 마음의 문을 진정으로 열 때
비로소 참다운 인류애인 인仁의 문으로 들어갈 수 있다. 이름도 없는
계곡 옆, 이름도 없는 나무 아래 파리한 그믐달을 머리에 이고 여태
정들었던 뿌리 곁을 차마 떠나지 못해 이리저리 뒹굴고 있는 여윈 나
뭇잎 한 장의 숨은 이야기를 들을 줄 알 때, 우선 내 심신과 화和하고
이웃과 화和하고 천지와 화和할 수 있다.

56. 본래의 하얀색을 하얗게 지니라

치아는 원래 희지만 하루라도 닦지 않으면 찌꺼기가 끼여 더러워지고, 얼굴은 원래 희지만 하루라도 세수하지 않으면 때가 끼고, 몸도 본래 희지만 하루라도 목욕하지 않으면 검게 된다. 치아가 비록 더럽더라도 양치질을 하면 다시 희게 되고, 얼굴에 비록 때가 끼었더라도 세수를 하면 다시 희게 되고, 몸이 비록 검더라도 목욕을 하면 마치 옥처럼 맑아진다. 원래 치아에는 더러움이 있는 것이 아닌데 스스로 그렇게 만든 것이고, 얼굴에는 본래 때가 있는 것이 아닌데 스스로 그렇게 만든 것이며, 몸도 원래 맑고 깨끗한데 검게 된 것은 스스로 그렇게 만든 것이다. 이같이 치아는 본래 흰데 내가 게을러서 스스로 검게 만들었으며, 얼굴은 본래 흰데 내가 스스로 더럽게 만들었으며, 몸도 본래 흰데 내가 스스로 검게 물들였으니, 이 모두 누구의 잘못이라고 탓하겠는가? 다행히, 어느 아침이라도 치아를 닦으면 원래의 하얀색이 다시 살아나고, 얼굴을 씻으면 원래의 흰 빛이 다시 돌아오고, 몸을 깨끗이 하면 흰 빛이 다시 옥처럼 되살아나니, 이 모든 것은 결국 마음을 어떻게 쓰느냐에 달려 있지 않겠는가? 본래 흰 몸이 때로 잠시 더럽혀졌다가 이제 목욕을 하여 다시 깨끗한 원래의 몸을 되찾았으니 더 이상 더럽혀질 수 없다. 선비된 사람이 자신을 지켜감은 마치 여인처럼 해야 마땅하고, 글 쓰는 사람이 자신의 몸을 다스림은 마치 무인武人과 같아야 한다. 여인이 방에 거처할 때는 털끝만큼이라도 허물이 없도록 스스로 절조를 지켜 가니 이를 두고 선비가 자기를 지킴은 마치 여인처럼 하라고 이르고, 무인이 적을 죽일 때는 뒤돌아봄이 없이 단칼로 적을 베는 과단성을 지니고 있으므로 이를 두고 글 쓰는 이가 자기 몸을 지킴은 마치 무인이 자신을 다스리듯 하라고 이른다. 여인이 여인답지 못하는 것을 『역易』에서는 '몸을 보전하지 못함'으로 풀이하고, 무인이 무인답지 못하는 것을 전傳에서는 '장부가 아님'으로 표현한다. 몸의 흰 빛이 온전하여 아직 원래 모습을 간직하고 있을 때는 소위 '여인이 여인답지 못하는 일'이 일어나지 않도록 경계하여 보존하고, 이미 흰 빛이 허물어진 후 다시 원래의 온전한 몸을 되찾고자 할 때는 소위 '무인이 무인답지 못하는 일'이 일어나지 않도록 과단성 있게 힘써야 한다.

自新銘

齒本白, 一朝不漱其汚已積. 面本白, 一旦不頮其垢已黑. 體本白, 一日不浴其形已墨. 齒雖汚, 漱之則卽無. 面雖垢, 頮之則卽不. 體雖墨, 其形浴之則塋然如玉潔且淸. 是知, 齒本無汚, 其汚也實自吾. 面本無垢, 其垢也實自取. 體本潔且淸, 其形之墨也實自成. 齒本白而我自汚, 誰之辜. 面本白而我自垢, 誰之咎. 體本白而我自墨, 誰之愆. 幸而一朝漱其齒, 白者夏爾. 一朝頮其面, 白者復見. 一日潔其體, 而白者夏如玉. 盖曰向也吾. 身白者已塵, 今焉澡雪舊染維新, 而今而後殆不可夏. 士子守己當如女子. 文人治身當如武人. 女子居室, 必無一毫點汚介然自守如此, 是謂守己如女. 武人殺敵, 必須直前不顧勇於自治如此, 是謂治身如武. 女子女易所謂不有躬也, 武不武傳所謂我非夫者. 身之白者渾全而未壞, 貴常以不女之女爲戒. 身之白者旣壞而求全, 謹無若不武之武人然.

오징吳澄의 자신명

【해 설】

원래 쇠 속에는 녹이 없는데 무단히 녹이 생겨 단단한 쇠를 못 쓰게 하듯이, 본래 우리의 마음은 깨끗하고 맑고 밝고 온전한데 스스로 번뇌와 분별 의식과 삿된 생각을 구름 떼처럼 일으켜 우리의 온전한 마음을 뒤덮어 버린다. 그러나 순수한 마음의 근원마저 오염된 것은 아니다. 구름 걷히면 명월明月이 돋아나듯, 안개 걷히면 청산靑山이 드러나듯, 지혜와 수행의 바람으로 번뇌의 구름 떼만 날려 버리면 원래의 순수한 마음은 온전히 드러난다. 아직 우리의 본래 순수한 마음을 그대로 온전히 지니고 있으면 마치 여인이 자신의 순결을 지켜 가듯이 그 마음을 보존해 가고, 이미 거울이 더럽혀지듯 본래의 순수하고 온전한 마음을 잃고 심이 오염되어 있다면 마치 무인이 머뭇거리지 않고 곧바로 적의 목을 자르듯이 잘못된 습관과 삿된 생각을 단칼에 잘라 버리고 본래의 순수한 심을 되찾아야 한다. 이를 두고 "본래의 순수한 마음은 마치 여인이 순결을 지키듯 보존해 가고, 이미 오염된 마음은 마치 무인이 적의 목을 자르듯 단숨에 잘라 버리라!"고 이른다.

57. 지知와 행行을 두 날개로 삼으라

타고난 천성天性을 기르고 타고난 정情을 다스리고 타고난 감각들을 바르게 하고 타고난 천륜天倫을 다한다. 그럼 어떻게 기르고, 어떻게 다스리고, 어떻게 바르게 하고, 어떻게 다할 것인가? 그 방법을 아직 모른다면 그 이치를 궁구하고, 이미 알고 있다면 실천에 옮긴다. 궁구한다는 것은 그 이치를 캐묻는 것을 말하고, 실천한다는 것은 일상생활에서 그 이치를 실제로 행하는 것을 말한다. 이치를 캐묻는다는 것은 어떻게 하면 인의예지仁義禮智의 도가 이루어지고, 어떻게 하면 희노애구애오욕喜怒愛懼哀惡欲의 절節이 되고, 어떻게 하면 이목구비수족耳目口鼻手足의 준칙이 되고, 어떻게 하면 군신, 부자, 부부, 장유, 붕우의 떳떳함이 되는지, 그 까닭과 도리를 모색해 가는 것을 말한다. 실제로 행한다는 것은 마음에 보존한 이 이치를 사람과 사물을 응대하는 일에 몸으로 직접 실천하여, 안으로 가족에 적용하고 밖으로 남에게 적용하며, 나아가 천하에 적용해 그 이치를 넓혀 가는 것을 말한다. 그런데 이보다 먼저 해야 할 일이 바로 매사에 정성을 다하는 성誠의 자세와 초지일관 인욕을 제거하고 천리를 보존하는 경敬의 태도이다.

自修銘

養天性, 治天情, 正天官, 盡天倫. 奚而養, 奚而治, 奚而正,
奚而盡. 未知之, 則究之, 旣知之, 則踐之. 究者何, 窮其理,
踐者何, 履其事. 若何而爲仁義禮智道, 若何而爲喜怒哀懼愛
惡之節, 若何而爲耳目鼻口手足四支之則, 若何而爲君臣父
子夫婦長幼朋友之常, 探其所以然, 求其所當然, 是之謂窮其
理. 存之於心則如此, 見之於事則如此, 行之於身則又如此,
內而施之於家則如此, 外而推之於人則如此, 大而措之於天
下則又如此, 躬行之焉力踐之焉, 是之謂覆其事. 然則其先如
之何, 曰立誠而居敬.

오징吳澄의 자수명

【해 설】

이 짧은 인생을 그저 그렇게 살지 않고 무언가 의미 있게 살기 위
해서는 무엇보다 스스로의 수행이 필요하다. 그럼 어떻게 수행해 갈
것인가? 먼저 삶의 의미를 궁구하고 이를 일상생활에 직접 실행하여
자신의 몸속에 지행知行을 합일合一시켜, 우선 가족과 하나가 되고 이
웃과 하나가 되고 천하와 하나가 되어 마침내 천인합일天人合一의 경지
에 이르는 데 있다. 자신을 수행한다는 것은 결국 타고난 자신의 명덕
明德을 밝히는 일인데, 명덕이란 하늘로부터 부여받은 천지 리理의 한
자락이자 전체인 자신의 성性을 말한다. 성性의 네 가지 요소가 인,
의, 예, 지이고, 이 성性이 형기에 부딪혀 나오면 정情이 되는데 이 정
의 일곱 가지 요소가 희, 노, 애, 구, 애, 오, 욕이다. 이 희, 노, 애,
구, 애, 오, 욕은 이, 목, 구, 비, 수, 족의 몸을 통해 밖으로 드러난다.
그리고 인, 의, 예, 지의 구체적인 실천 규범이 삼강오륜이다. 성性은
리理가 형기에 부딪힘이 없이 그대로 발현되므로 순선이다. 원래 성性

자는 '마음 심'(忄)과 '날 생'(生)의 합성어로, '마음이 그대로 드러났다'는 의미이다. 정情은 성性이 우리의 육체인 형기에 부딪혀 나온 다양한 감정이므로, 우리의 형기인 감각 기관이 바로서면 바른 정이 될 수 있고 사욕으로 왜곡되면 비뚤어진 정이 된다. 그러므로 정은 순선이 될 수 없고, 선과 악이 혼재되어 있다. 원래 정情자는 '마음 심'(忄)과 '푸를 청'(靑)의 합성어로 '마음이 색채로 물들어 드러났다'는 의미이다. 이 이치를 바탕으로, 평소 눈, 코, 귀, 입, 몸의 감각 기관을 잘 다스려 마음이 육체의 욕망에 지배되지 않도록 하고, 내 마음 속의 심이 바르게 표출되어 아름답고 밝은 정으로 피어나도록 한다. 그리고 내 마음 속의 성의 요소인 인, 의, 예, 지를 잘 보존하여 측은지심, 수오지심, 사양지심, 시비지심으로 피어나게 하고, 나의 타고난 명덕을 밝혀 개인적 자아를 완성하여 이를 토대로 사회윤리인 군위신강, 부위부강, 부위자강의 삼강三綱과 군신유의, 부자유친, 부부유별, 장유유서, 붕우유신의 오륜五倫을 일상생활에 실천하여 사회적 자아를 완성한다. 또 자신 속의 성性과 천지의 리理가 관통되게 하여 천인합일天人合一의 경지에 이르러 마침내 모든 존재를 낳고 기르고 살리는 천지의 도에 함께 할 수 있게 된다. 그런데 무엇보다 자신의 수행에서 중요한 것은 모든 일에 정성을 다하는 성실한 태도인 성誠과 오직 바른 길로만 가겠다는 치열한 수행 자세인 경敬이다. 바로 이 성誠과 경敬이 모든 수행의 기초가 된다. 그러므로 성과 경이 밑받침되지 않는 수행은 모두 사상누각이요 허공환성虛空幻城에 불과하다.

58. 맑은 뜻으로 욕망을 이기라

　인욕人欲의 극은 색욕과 식욕이다. 식욕은 몸을 상하게 할 수 있고, 색욕은 나라를 망하게 할 수 있다. 꼭 형의 팔을 비틀어 밥을 빼앗아 와야만 먹을 수 있고 꼭 담을 뛰어넘어 처녀를 끌고 와야면 처를 구할 수 있다면, 그 절박한 상황을 고려해 볼 때 형의 팔을 비틀거나 처녀를 보쌈하는 것이 반드시 본마음을 크게 잃었다고 할 수는 없다. 그러나 도道를 구하고자 하면 반드시 덕을 좋아해야 하지 밥이나 여색을 좋아해서는 안 된다. 먹고 마시고 색을 구하는 일은 본능적인 욕망이지만, 이 욕망에 끌려가지 않고 본심을 바르게 지켜 가면 성현이 될 수 있다. 옛 선비들은 리理로써 욕망을 제어하고, 두려워하는 마음으로 경계를 삼았다. 홀로 있을 때 삼가고, 마치 색을 좋아하듯 현인을 좋아하고, 선을 좋아하기를 항상 부족한 듯 하였으니 어느 겨를에 색을 탐하고 눈을 즐기며 정을 남발하였겠는가? 밥을 먹을 때는 식탐에 빠지지 않고 오직 학문에만 뜻을 두텁게 두었으니 어느 겨를에 식욕에 끌려 다니는 노예가 되었겠는가? 이와는 반대로 어떤 사람이 있어, 천성이 음란하고 주위 사람마저 음란한 행동으로 끌어간다면 이는 입에 담기조차 부끄러운 일이다. 색을 좋아함은 욕망에서 비롯되었으니 덕에는 '좋아함'이란 단

어를 찾아볼 수 없다. '음식이 좋고 나쁘다'는 차별심은 식욕에 이끌리는 부끄러운 일이니 도道를 논하는 일에는 언급할 가치조차 없다. 오호라, 식욕과 색욕이여, 지금 당장 경계하고 경계할 일이다. 그럼 어떻게 경계할 것인가? 오직 마음을 굳게 하여 다스려 갈 뿐이다.

消人欲銘

人欲之極, 惟色與食. 食能殞軀, 色能傾國. 紾兄摟子, 食色 乃得將紾將摟, 不亦大惑. 必也謀道, 必也好德. 而勿謀食, 而勿好色. 飮食男女, 大欲存焉, 不爲欲流, 乃可聖賢. 我思 古人, 以理制欲, 常戒以懼. 惟愼其獨, 賢賢易色, 好善不足, 何暇色耽, 恣情悅目. 食無求飽, 志學惟篤, 何暇食求, 以極 其腹. 如或不然, 是人其天, 貪洿蠱惑, 有愧格言. 好色是欲, 德未見好. 惡食是恥, 未足議道. 嗚呼食色, 今其戒玆. 戒之 如何, 剛以治之.

오징吳澄의 소인욕명

【해 설】

인간에게는 식욕, 색욕, 물욕, 명예욕, 수면욕이라는 오욕五欲이 있는데 이 중에서 가장 제어하기 어려운 것이 식욕과 색욕이다. 식욕은 자신의 생명을 유지하기 위해 가장 긴요하고, 색욕은 종족 보존을 위해 무엇보다 필요하다. 그러나 식욕과 색욕에 휩쓸리어 배불리 먹고도 살생을 계속하거나 아내를 가지고도 다른 여인과 더불어 음란한 짓을 일삼는다면 분명 문제가 있다. 먹되 식욕에 이끌리지 않고 성행위를 하되 음욕에 이끌리지 않는다면, 이것이야말로 바른 욕망의 표현이며 자연의 이법을 따르는 여여如如한 행동이다. 그래서 음식은 도심을 담고 있는 육체를 보존하고 기르는 약으로 삼고, 색은 음양의 조화를 이끌어 가는 따스한 화합의 장으로 여긴다. 이같이 식욕과 색욕은 무조건 거센 물길을 틀어막듯 무조건 막아야만 하는 악惡이 아니고, 잘 이끌어 가면 뭇 생명을 살리는 아름다운 강의 흐름이 될 수 있다.

59. 인륜의 근본을 효에서 시작하라

천리天理의 지극함은 인仁과 의義이다. 인仁은 효孝에서 비롯되고 의義는 제悌에서 비롯된다. 부모에게 진실로 효를 다할 때 능히 자식이 될 수 있고, 형에게 진실로 공경을 다할 때 능히 아우가 될 수 있다. 참된 자식과 아우가 되고 나면 다른 일들도 이 범주에서 크게 벗어나지 않는다. 인간의 도리에서 가장 기본적인 효와 제도 제대로 실천하지 못한다면, 다른 일들이야 언급해서 무엇하리요? 인륜에 가장 극진했던 요 임금과 순 임금도 그 근본은 모두 효와 제에서 비롯되었다. 효와 제를 아는 것을 지智라 하고, 이 두 가지를 절조있게 행하는 것을 예禮라 하며, 이 두 가지를 미덥게 실천하는 것을 신信이라 한다. 이 효와 제를 일상생활에서 편안히 실천해 가면 즐거움이 생겨나고, 마침내 인, 의, 예, 지, 신의 떳떳한 오상五常의 도리가 확립되어 백 가지 행실이 법도에 맞게 된다. 알고 보면 신묘한 이치와 우주의 운행 변화도 모두 이 효제의 원리에서 비롯된다. 만에 하나라도 이 효제에서 벗어나면 불학佛學의 허무주의에 떨어져 명분은 그럴듯해도 인륜人倫을 벗어나는 일을 면치 못하게 된다. 부모를 모시고 형을 공경하는 일이야 아주 쉬운 것임에도 사람들이 하지 않는 것은, 할 수 없어서가 아니라 다만 하지 않기 때문이다. 아, 인仁과 의義여! 이를 행하고 행하지 않음은 오직 나에게 달려 있을 뿐이다. 바라건대 여기에 힘쓰고 함부로 자포자기하지 말지어다.

長天理銘

天理之至, 惟仁與義. 仁只在孝, 義只在弟. 苟孝於親, 是能爲子, 苟弟於兄, 是能爲弟. 能爲子弟, 他不外是. 此之不能, 何況他事. 盡乎人倫, 堯舜爲至. 然其爲道, 孝弟而已. 知斯二者, 卽所謂智. 節斯二者, 卽所謂禮. 實有二者, 卽信之謂. 安行二者, 樂則生矣. 五常百行, 不離斯二. 窮神知化, 亦由此始. 如或不然, 流入佛氏, 名爲周徧, 實外倫理. 事親從兄, 豈不甚易, 人非不能, 特不爲耳. 嗚呼仁義, 爲之由己. 尙勉之哉, 毋自暴棄.

오징吳澄의 장천리명

【해 설】

효는 종적縱的인 인륜이고, 제는 횡적橫的인 인륜이다. 부모에게 효도하는 도리에서 윗사람을 섬기고 아랫사람을 사랑하는 인륜의 도리를 배우고, 형을 공경하는 도리에서 동료와 이웃을 사랑하고 아끼는 인륜의 도리를 습득한다. 그러므로 바로 이 효와 제에서 상하좌우 종횡으로 두루 통하는 사랑과 의義를 확충할 수 있다. 이 효제가 몸에 배면 좁게는 한 가정이 편안하고, 넓게는 천하가 편안해진다. 요순의 천하 덕치도 알고 보면 모두 이 효제의 원리에서 비롯되었다. 그런데도 사람들이 이 간단한 효제를 실행하지 않는 것은, 할 수 없어서가 아니라 다만 하지 않기 때문이다. 예컨대 지나가는 노인을 위해 지팡이로 사용할 나뭇가지 하나 꺾어 주지 않는 것은 할 수 없어서가(不能,

can't) 아니라 다만 하지 않기(不爲, don't) 때문이다. 할 수 있는 일을 다만 육체의 안일을 위해 하지 않는 것은 천지에 대한 신성한 의무를 저버리는 배은망덕한 짓이다.

60. 나를 이겨 천하를 얻으라

병을 제거하는 일은 어렵지 않다. 마땅히 그 뿌리만 뽑아 버리면 된다. 천리天理를 되돌아오게 하는 일은 쉽다. 사사로운 욕심만 뽑아 버리면 된다. 남을 이기지 못한 경우에 오직 단속하고 억누르면 세력의 거셈은 어느 정도 막을 수 있지만 잠재된 공격의 불씨마저 막을 수는 없다. '이긴다'(克)는 것은 무엇을 뜻하는가? 마치 적군을 깨뜨리듯 싸워서 승리함을 말한다. 그러나 학문하는 사람은 자기를 이기는 일과 남을 이기는 일, 이 둘을 마땅히 구분할 수 있어야 한다. 인욕人欲은 마치 적과 같아서 나의 마음의 영역인 성城으로 들어와 점거하려 하니, 이에 맞서 용감히 싸워 성 밖으로 몰아내어 멀리 쫓아 버려야만 감히 다시 들어오지 않는 법이다. 성이 공격당할 때 명령을 어기는 자는 제거하고, 성 안에 이미 적군이 들어왔을 때는 성 밖으로 몰아내어 성문을 굳게 닫아 막고 중요한 지점을 물샐틈없이 경계해야 한다. 비록 적군이 성 안으로 들어오지 못하게 하였을지라도 화근禍根은 여전히 남아 있다. 수비가 조금이라도 느슨해지면 언제 적군이 침입해 들어올지 모르기 때문이다. 한 번의 싸움에 효과를 보아 적군이 일시적으로 스스로 복종했더라도 조그마한 틈만 보이면 적군은 싸움을 걸어온다. 마찬가지로 단 하루 자신을 이겨(克己) 예를 되찾고(復禮) 천하를 인仁으로 돌아

가게 했더라도 그 효과는 일시적인 것에 그친다. 다시 말해서
노력을 통해 자만하고 원망하고 욕심내는 못난 마음을 일시적
으로 억눌렀다 해도, 완전한 인仁에 이른 것은 아니다. 악을 없
애는 도리는 마치 농부가 잡초를 없애는 것과 같아서, 이미 잡
초를 베어 버렸더라도 때가 되면 다시 자라나서 곡식을 덮게
된다. 잡초의 원뿌리마저 완전히 뽑아 버려야만 비로소 곡식이
기를 펴고 병충해도 없이 무럭무럭 자라나게 된다. 하물며 나라
를 다스리는 데에 있어서는 어찌 적을 격퇴하지 않고 가능하겠
는가? 마찬가지로 학문하는 것도 힘쓰지 않고 어찌 현인이 되
기를 기대할 수 있겠는가? 안연顏然을 참다운 등대로 삼아 힘을
다하고 공功을 쌓아 가면 반드시 성인聖人의 영역에 진입할 수
있다.

克己銘

去病非難, 當拔其根. 己私旣克, 天理夏還. 克他未得, 但加
裁抑, 固不狷獗, 終尙潛匿. 克者伊何, 譬如破敵, 戰而勝之,
是之謂克. 二者異情, 學者當明. 人欲如敵, 入據吾城, 被吾
戰勝, 遠屛退聽, 不敢夏來. 攻城犯命, 或敵在內, 驅之城外,
閉門固拒, 控守要害. 雖不得入, 禍胎猶在. 守備一疎, 又被
攻壞. 一戰有功, 敵自服從, 區區固守, 敵敢力斲. 一日克己,
隋卽夏禮, 天下歸仁, 其效如此. 克伐怨欲, 苟徒力制, 而使
不行, 仁則猶未. 去惡之道, 如農去草, 旣已芟夷, 夏蘊崇之.
絶基本根, 勿使能殖, 則善者信. 無夏蟊賊, 不能勝敵, 其何
能國. 爲學亦然, 其可不力, 以士希賢. 顏眞準的, 力到功深,
優入聖域.

【해 설】

보통사람의 마음은 천리天理와 인욕人欲으로 혼재되어 있다. 그런데 인욕은 형기를 따라 나오므로 잡초처럼 강하지만, 천리는 형체가 없는 리理에서 나오므로 곡식처럼 연약하다. 농부가 논밭을 방치해 두면 잡초가 곡식을 덮어 버리듯이, 학문하는 사람이 마음을 되는대로 내버려 두면 인욕이 천리를 뒤덮어 버린다. 그러므로 농부는 밤낮으로 잡초를 제거해야 곡식이 자라고, 학문하는 사람들은 밤낮으로 인욕을 제거해야 도심道心이 자란다. 그러나 농부가 잡초를 제거할 때 흙 위의 잡초 줄기만 제거하면 처음에는 말끔해 보이지만 며칠 지나지 않아 논밭은 다시 잡초로 뒤덮이게 된다. 마찬가지로 학문하는 사람이 하루 만에 인욕을 제거하고 천리를 보존했다 하더라도 며칠이 지나면 또다시 인욕이 고개를 내민다. 마치 일시적으로 적군을 성 밖으로 몰아내었다 하더라도 아군의 조그마한 빈틈이라도 보이면 적군이 어김없이 공격해 오듯이 온갖 사심이 고개를 내민다. 그러므로 농부가 잡초의 뿌리까지 완전히 뽑아 태워 버리지 않는 한, 장수가 성 밖으로 쫓아낸 적군을 공격하여 완전히 섬멸시키지 않는 한, 학문하는 사람이 완전히 인욕을 제거하지 않는 한, 농부와 장수와 수행자는 밤낮으로 끊임없이 잡초를 제거하고 적의 동태를 살피고 인욕의 근원을 철저히 차단해야 한다. 바로 이 밤낮으로 경계하는 자세가 곧 경敬이고, 이 경敬의 자세는 죽고 나서야 그만둘 일이다.

61. 리理로 몸을 채워 진인眞人이 되라

누군가 나에게 '천天'이 무엇인지 묻는다면 나는 '리理'라고
답하겠다. '음양오행'은 만물을 낳고 변화시키는 신묘한 작용을
갖고 있지만 기氣이므로 반드시 리와 짝하고, 그 선후를 따져
보면 리가 먼저고 그 뒤에 기가 따른다. 푸르고 높은 하늘(天)은
가없이 모든 만물을 포함할 정도로 그 바탕이 지극히 크다고
하지만 짝이 있고, 형形이 있는 기의 덩어리에 불과하다. 형태가
있는 것은 모두 기의 엉김의 소산이므로 리의 지배를 받는다.
리理는 소리도 없고 냄새도 없고 모양도 없지만 천天이 천으로
되는 것은 바로 이 리의 지극함에 있다. 이런 하나의 리를 나누
고 거기에 이름을 붙이니 차별이 생겨난다. 건乾은 천天의 성性
과 정情을 말하고, 하늘은 천의 형태와 바탕을 말한다. 이 천의
신묘한 작용을 일러 신神이라 하고 만물을 주재主宰함을 일러
제帝라 하고, 그 작용이 세세함을 일러 귀鬼라 하지만, 이 모든
것의 밑바탕은 오직 리일 뿐이다. 크고 지극하구나, 리의 묘용
이여! 하늘이 바로 이 리로써 하늘이 되어 위에서 주재하고 만
물이 이에 힘입어 비로소 시작되니, 이를 일러 건원乾元이라 한
다. 땅은 이 리를 품고 아래에 자리하고, 만물은 이 땅의 기운
으로 형태를 갖추어 언제나 하늘을 받든다. 사람은 비록 천지天

地 사이에 태어난 조그만 존재이지만, 천지의 중앙에서 천지와 더불어 대등하게 존재한다. 이는 하나의 리를 공유하기 때문이다. 하늘과 땅과 사람이 하나의 공통된 리로써 진실된 하나라면, 사람과 만물도 하나의 공통된 리로써 하나이다. 따라서 하늘과 땅, 사람, 만물은 겉으로 서로 다른 형상을 하고 서로 다른 가지에 존재하지만 하나의 뿌리(理)에 근원을 둔 같은 열매이다. 즉 각각이 공유하고 있는 리는 하나이다. 하늘과 땅은 삿된 정情이 없어 하나의 참된 리로 순수하고, 지극한 정성으로 쉬지 않고 옛것의 수명이 다하면 다시 새로운 것을 생성하므로, 하늘, 땅, 인간은 삼재三才로 영원하다. 이같이 하나의 순수한 리의 관점에서 볼 때는 하늘, 땅, 인간이 서로 동등하지만, 현실적인 존재로 볼 때 인간은 저마다 다른 몸을 갖고 서로 다른 기질을 갖고 서로 다른 사욕私欲을 가지므로 천차만별의 차이가 생겨난다. 오직 성인聖人만이 욕심이 없어서 천지와 함께할 수 있고 비록 형상은 천, 지, 인 셋으로 서로 다르지만 하나의 리로써 혼연일체가 된다. 범인들은 성인聖人보다 한 차원 아래서 아직 하늘과 더불어 비록 즐기지는 못하지만, 하늘의 리를 시시각각 보존하고 하늘의 위엄을 두려워한다. 하늘의 위엄을 두려워한다는 것은 종일토록 천리에서 벗어남이 없다는 것인데, 이 벗어남이 없는 태도가 지극한 경지에 이르면 마침내 성인의 자리로 돌아갈 수 있다. 이 하나(一)를 지키는 마음이 곧 성誠인데 하늘과 성인聖人만이 능히 할 수 있다. 성인이 되기를 바라는 현인은 이 일一, 즉 성을 주로 하여 경敬을 지켜 간다. 이 경의 자세로 항상 경계하고 두려워하여 보이지 않고 들리지 않는 곳에서도 실천하고, 특히 홀로 있을 때 삼가고 드러나지 않은 곳에서도 경계하며 이치를 끝까지 궁구하여 선善을 밝혀 간다. 항

상 깊은 물가에 이른 듯, 살얼음을 밟는 듯 조심스런 마음으로 이 하나의 도리를 지켜 가면 헛된 길로 떨어지지 않으니 잃을 것도 적게 된다. 만약 이런 경계의 태도를 저버리게 되면 금수와 다름없는 존재로 전락하고 만다. 원래 사람과 만물은 동일한 하나의 리를 바탕으로 태어났는데, 왜 사람은 만물보다 더 신령스러운가? 그것은 만물이 형기를 부여받을 때 치우친 기를 받아 리가 막히거나 잘 소통되지 않는 데 반해, 사람은 바른 기를 부여받아서 다른 만물과는 비교가 되지 않을 정도로 리가 잘 소통되기 때문이다. 이같이 인간의 성性이 가장 존귀하지만, 이 존귀하고 동등한 성性을 둘러싸고 있는 기氣와 질質은 개개인마다 서로 다르다. 기에는 맑음과 탁함이 있고, 질에는 미美와 추醜가 있다. 바로 이 기氣와 질質의 다양한 배합에 따라 성인, 현인, 우인의 차이가 발생한다. 즉 탁하고 추한 기와 질이 모이면 불순하고 어리석은 이가 되지만, 맑고 아름다운 기와 질이 모이면 현인이나 지자智者가 된다. 또 맑은 기 가운데 가장 맑은 기를 얻고 아름다운 질 가운데 가장 아름다운 질을 얻어 지나침도 없고 모자람도 없이 순수하고 영명靈明하여 천리天理와 구별됨이 없이 하나가 되어 조금도 이지러지거나 떨어져 나감이 없어 온전한 기와 질을 그대로 받을 때 지극한 정성과 순선을 갖춘 성인聖人이 된다. 성인은 타고난 본성으로 편안하고, 현인은 배워서 행하고, 우인은 당장은 어리석더라도 배움을 계속하면 밝아진다. 어리석으면서도 배우지 않으면 마침내 스스로 자포자기에 빠져 '최하품의 우인은 어쩔 도리가 없다'는 비난을 자초하게 된다. 아버지인 하늘, 어머니인 땅, 형제인 그 사이의 백성, 그리고 또 다른 형제인 물物, 이 네 가지는 원래 하나의 리理에 바탕을 둔 같은 것이었는데, 고금을 통해 이 가운데서 마지막 물物이 가장 천대를 받아왔다. 원래 사람은 천지天地와 더불어 털끝만큼의 간격도 없었는데, 어찌 사람 스스로 사사로운 욕심에 빠져 큰 틈을 만들어 위로는 천지의 조화를 돕지 못하고 아래로는 기꺼이 물物과 같은 비천한 존재로 전락되고 마는가? 위로 성인이 있고, 아래로 자포자기에 빠진 어리석은 사람이 있으며, 그 사이에 배워서 아는 현인賢人과 온갖 어려움을 겪은 후 겨우 배워서 터득하는 둔재가 있다. 리理는 원래 하나이지만 이같이 네 부류로 구분되는 것은 스스로 지닌 개인의 기질 탓이다. 맨 아래층의 자포자기에 빠진 어리석은 사람이야 같은 반열에 오를 수 없지만, 많은 어려움을 겪은 후 비로소 터득하는 둔재는 노력 여하에 따라 현인이 될 수 있고 성인이 될 수도 있다. 왜 사람으로 태어나서 사람으로서의 형상을 갖추게 한 근원자로서의 리를 본받으려고 돌아보지 않는가? 이 리는 음양 양기兩氣의 근원자로서 원래 하나의 흐름이지만, 만 가지로 나눠져서 만 가지 사물을 자아내고 인간의 마음 속에서 사단四端으로 드러난다. 이 리理를 때로는 도道라 하고 또 때로는 성誠이라고 일컫지만, 모두가 리의 다른 이름에 불과하다. 모든 만물이 이 하나(一)를 바탕으로 생겨나니, 이 '리일理一'이라는 뜻은 참으로 두루 널리 미치고 자세하고 긴밀하다. 리理는 만 가지로 구별되면서도 하나이고, 심心은 리理를 주재한다. 심은 하나이면서 만 가지 작용을 드러내고 만 가지 리가 모여드는 종회宗會가 된다. 이 하나(一)가 하늘에 있으면 리理라 일컬어지고, 사람에 있으면 심心이라 일컬어진다. 리理가 오직 하나로 가득 찬 것을 참됨(實)이라 하고, 심心이 하나로 전일全一된 것을 경敬 곧 흠欽이라 한다.

理一箴

或問予天, 予對曰理. 陰陽五行, 化生萬類, 其用至神, 然特
氣爾, 必先有理, 而後有氣. 蒼蒼蓋高, 包含無際, 其體至大,
然特形只. 形氣之凝, 理實主是, 無聲無臭, 於穆不已. 天之
爲天, 斯其爲至, 分而言之, 名則有異. 乾其性情, 天其形體.
妙用曰神, 主宰曰帝, 以其功用, 曰神曰鬼, 專而言之, 曰理
而已. 大哉至哉, 理之一言, 天以此理, 位上爲天, 物資以始,
是謂乾元. 地以此理, 而位下焉, 物資以生, 實承乎乾. 人生
其間, 眇然有已, 乃位乎中, 而參天地. 惟其理一, 所以如此.
天地與人, 理固一矣, 人之與物, 抑又豈二. 天地人物, 萬殊
一實, 其分雖殊, 其理則一. 天地無情, 純乎一眞, 至誠不息,
終古常新, 曰天地人. 理則惟鈞, 或不相似, 以人有身, 氣質
不齊, 私欲相因. 惟聖無欲, 與天地參. 理渾然一, 形肖而三,
下聖一等, 于時保之, 未能樂天, 畏天之威. 畏天伊何, 無終
日違, 及其至也, 與聖同歸. 一者謂誠, 惟天惟聖. 希聖之賢,
主一持敬. 敬而戒懼, 弗聞弗見, 敬而謹獨, 莫見莫顯, 敬而
窮理, 則明乎善. 如臨如履, 必常戰戰一而無適, 有失者鮮.
如或不爾, 禽獸不違. 人物之初, 理同一原, 人靈於物, 曷爲
其然. 形氣之稟, 物得其偏, 是以於理, 不通其全, 人得其正,
固非物比, 全體通貫. 性爲最貴, 最貴之中, 又有不同, 氣有
清濁, 質有美惡, 曰聖賢愚. 其品殊途, 濁者惡者, 愚不肖也.
其清其美, 則爲賢知. 得美之美, 得清之清, 無過不及, 純粹
靈明, 天理渾然, 無所虧喪, 斯爲聖人, 至誠無妄. 聖性而安,
賢學而行, 愚而能學, 雖愚必明. 愚而不學, 是自暴棄, 下愚
不移, 正此之謂. 乾父坤母, 民胞物與, 四而實一, 窮亘今古,
四者之內, 物爲最賤. 天地與人, 則無少間, 胡世之人, 多間

以私, 上不化贊, 下甘物爲. 上智下愚, 學知困知. 就人而論,
亦分四歧. 理焉本一, 人自爲四. 下愚之人, 蓋不足齒, 困知
可賢, 聖可學能. 奈何爲人, 不求踐形. 理在兩間, 一本殊分,
散爲百行, 別爲四端. 或謂之道, 或謂之誠, 千言萬語, 一之
異名. 萬事萬物, 胥此焉出, 理一之義, 周遍詳密. 理萬而一,
心爲主宰, 心一而萬, 理之宗會. 在天曰理, 在人曰心, 理一
曰實, 心一曰欽.

오징吳澄의 리일잠

【해 설】

　　비행기가 만들어지기 전에 먼저 비행기에 대한 설계도가 완성된다.
그리고 이 완성된 설계도에 따라 물질들을 배합하고 조립하여 비로소
구체적인 형상의 비행기가 세상에 나오게 된다. 여기서 설계도 역할을
하는 것이 리理이고, 물질, 부품, 동력 등은 기氣가 된다. 배도 이와
같은 과정에 따라 만들어지고, 수레도 동일한 과정으로 만들어진다.
비행기는 하늘을 날고, 배는 물 위로 떠가고, 수레는 육지 위를 간다.
비행기의 마땅함은 하늘을 나는 데 있고, 배의 마땅함은 물 위에 떠서
가는 데 있고, 수레의 마땅함은 육지 위를 바퀴로 가는 데 있다. 이
각 사물에서의 존재의 마땅함을 일러 소이연所以然이라 한다. 반면에
자식은 부모에게 효도해야 하고, 신하는 임금에게 바른 도리로 충성을
다해야 하고, 부부 간에는 마땅한 구별이 있어야 하고, 어른과 아이
사이에는 반드시 차례가 있어야 하고, 친구 간에는 믿음이 있어야 한
다. 이 같은 도덕적 윤리적 규범의 마땅함을 일러 소당연所當然이라 한
다. 그리고 위의 소이연과 소당연을 합쳐 리理라고 칭한다. 이같이 존
재와 규범의 마땅함은 당연하고 여여如如한 하나의 원리로 존재하는데,
이를 리일理一이라고 한다. 이 하나의 리理가 각각의 사물에 따라, 또
존재 간의 각각의 관계지움에 따라 여러 가지 다양한 모습으로 그 마

땅함을 드러내는데, 이를 리일분수理一分殊라 한다. 이는 하나의 근원적인 리理가 여러 갈래로 분파되었다는 뜻이다. 이런 마땅한 원리와 규범에서 한 걸음도 벗어나지 않은 성실하고 일관되면서 참된 태도를 성誠이라 하고, 인욕과 천리의 갈림길에서 항상 천리의 길을 따르고 고수하려는 일관된 마음가짐을 경敬이라 한다. 천天, 지地, 인人, 물物, 이 모든 것들은 오직 하나의 리理를 바탕으로 존재하지만, 하나의 구체적인 형상을 지니게 하는 기氣와 질質이 서로 다르기 때문에 저마다 다양한 형태를 갖추게 된다. 즉, 리理는 오직 순수한 성으로서 만물의 공통적인 바탕으로 존재하지만, 기는 맑은 기와 탁한 기로 구분되고, 질은 아름다운 질과 추한 질로 구분된다. 바로 위의 세 요소인 리, 기, 질의 배합 정도에 따라 천차만별의 존재가 성립된다. 리와 가장 맑은 기와 가장 아름다운 질로 배합되면 성인聖人이 되고, 리와 맑은 기와 아름다운 질로 배합되면 현인賢人이 되고, 리와 비교적 맑은 기와 비교적 아름다운 질로 배합되면 보통의 평인平人이 되고, 리와 비교적 탁한 기와 비교적 추한 기로 배합되면 자포자기 상태에 빠지는 어리석은 우인愚人이 되고, 리와 탁한 기와 추한 질로만 구성되면 사방이 꽉 막혀 리가 소통되지 않는 동물, 식물, 광물 등의 물物이 된다. 그러나 모든 존재는 존재로서의 완벽하고 원만한 저마다의 완전한 리를 생득적으로 지니고 있으므로 노력 여하에 따라 얼마든지 성인聖人의 경지에 올라 천지天地와 더불어 여여如如한 우주의 묘리妙理를 함께 즐길 수 있다. 그러나 여전히 정도의 차이는 있다. 성인聖人은 날 때부터 완전한 덕과 리를 갖추고 태어나서 애써 노력하지 않아도 그대로 천지의 도리와 화합하여 천지의 사업인 인仁을 함께할 수 있다. 현인賢人은 성인의 말씀을 배움으로써 쉽게 성인의 경지에 이를 수 있고, 보통사람들은 애써 노력하고 갖은 고초를 겪고 많은 시달림을 당하고 나서야 겨우 현인의 경지를 거쳐 마침내 성인의 반열에 오를 수가 있다. 그러나 제일 아래층의 어리석은 사람들은 자포자기에 빠져 자기 자신 속에 완전한 덕인 리가 본래적으로 내재되어 있다는 사실을 인식조차 하지 못하고, 아예 학문과 수행의 길을 스스로 포기해 버린다. 스스로 자기 변혁을 포기한 자는 영원히 그 자리에 머물지만, 일단 자기 변혁의 길에 올라 스스로 애쓰고 노력하는 자는 시간만 투자하면 언젠가는 반드시 성인의 자리에 오를 수 있다.

62. 자고 일어남에도 고삐를 조이라

닭이 울어 잠에서 깨어나면 여러 가지 생각이 피어오르기 시작한다. 이 때 조용하고 편안한 마음으로 피어오르는 생각을 하나둘 정리해 간다. 때로는 지난 허물을 반성하고, 때로는 새로 배운 것을 모아 차례대로 조리를 세워 고요한 가운데 명료하게 체계를 잡아 간다. 마음의 근본이 이미 섰으면 뿌옇게 동이 틀 때 잠자리에서 일어나 세수하고 머리 빗고 의관을 갖추고 단정히 앉아 흐트러진 마음을 거두어들여서, 이 마음 지니기를 마치 떠오르는 해와 같이 훤하고 엄숙하고 한결같이 가지런하고 텅 비고 고요히 밝게 가져 하나로 수렴한다. 이런 고요한 일심一心의 상태에서 책을 펼치고 책 속의 성현들을 우러러 마주 대하면, 공자께서 자리에 앉아 계시고 안자와 증자께서 앞뒤에 서 계신다. 성인들께서 말씀하신 것을 몸으로 간절하게 공손히 듣고, 제자들의 의문점과 논의 사항들을 거듭 거듭 비교하며 자신을 바로잡아 간다. 일상생활의 여러 가지 일에 응할 때는 마음의 밝은 이치가 마치 목전에 보이듯이 행동하는 가운데 드러나도록 한다. 일이 끝나면 다시 본래의 적적한 마음자리로 되돌아가서 고요히 정신을 수렴하고 여러 가지 생각을 그친다. 동動과 정靜은 마치 고리처럼 순환하는데, 오직 심心으로 이를 감시하여 고요할 때는 보존하고 움직일 때는 살펴서 마음이 여러 가지 상념으로 갈라지거나 뒤섞이지 않게 한다. 독서를 하다가 틈이 나면 마치 물 속에서 헤엄을 치듯 정신을 풀어 쉬게 하여 성정性情을 풍요롭게 길러 간다. 해가 저물면 낮 동안 사람에게 시달린 피로로 인해 탁한 기운이 들어오기 쉬우니, 이럴수록 마음을 삼가 바르고 장중히 가져 정신을 밝게 일으켜 세운다. 밤이 깊어지면 잠자리에 들어 손과 발을 가지런히 모으고 모든 생각을 쉬게 하여 심신心神을 잠자리로 돌아오게 한 후, 맑은 야기夜氣로 충만케 하여 이를 길러 간다. 정貞이면 곧 원元으로 돌아가니, 오직 이 바른 도리에만 생각을 두고 밤낮 쉬지 않고 힘차게 나아간다.

夙興夜寐箴

鷄鳴而寤, 思慮漸馳, 盍於其間, 澹以整之. 或省舊愆, 或紬新得, 次第條理, 瞭然默識. 本旣立矣, 昧爽乃興, 盥櫛衣冠, 端坐斂形, 提掇此心, 皦如出日, 嚴肅整齊, 虛明靜一. 乃啓方策, 對越聖賢, 夫子在坐, 顔曾後先. 聖師所言, 親切敬聽, 弟子問辨, 反覆參訂. 事至斯應, 則驗於爲, 明命赫然, 常目在之. 事應旣已, 我則如故, 方寸深淵, 凝神息慮. 動靜循環, 惟心是監, 靜存動察, 勿貳勿參. 讀書之暇, 間以遊泳, 發舒精神, 休養情性. 日暮人倦, 昏氣易乘, 齋莊正齊, 振拔精明. 夜久斯寢, 齊手斂足, 不作思惟, 心神歸宿. 養以夜氣, 貞則夏元, 念玆在玆, 日夕乾乾.

진백陳柏의 숙흥야매잠

【해 설】

　'숙흥야매잠'이란 새벽에 일어나고(夙興) 밤에 잠드는 데(夜寐) 필요한 수행 준칙(箴)이란 뜻이다. 일반적으로 사람은 새벽에 일어나면 갖가지 상념이 떠오르는데, 이 때 온갖 잡념들이 자기를 끌어가도록 마음을 방치해서는 안 된다. 심신을 가다듬어 마음을 마치 떠오르는 태양처럼 밝고 맑고 힘차게 가져서, 고요한 가운데 자신의 내부를 관조하여 과거의 잘못을 뉘우치고 어제 배운 것을 조리에 맞추어 체계 있게 정리하고, 오늘 할 일을 계획하고 보다 나은 자신의 모습을 꿈꾸며 수행 정진할 것을 다짐해야 한다. 그리고 낮 동안에 일상생활에서 여러 가지 일을 접할 때에는 과연 자신이 배운 학문의 이치와 수행한 마음의 역량이 효험을 발휘하는지 스스로 느끼고 증험하여 항상 수행의 고삐를 다잡아야 한다. 해가 저물어 갈 무렵이면 낮 동안의 여러 가지 일과 사람들로 인하여 피로가 겹치고 권태로움이 쌓여 마음이 해이해지기 쉽고 자칫하면 수행의 고삐를 늦추기 쉬운데, 이럴 때일수록 더욱 마음을 장중히 가다듬고 무너지는 정신을 곧추세워야 한다. 밤이 깊어지면 잠자리에 드는데, 이 때도 몸과 마음을 가지런히 가다듬고 모든 잡념을 쉬게 하여, 낮 동안 물욕에 파묻힌 양심을 밤 동안 다시 소생시키는 맑은 힘인 야기夜氣로 심신心神을 가득 채워 원래의 청정한 정신을 길러야 한다. 그러나 이렇게 마음의 고삐를 항상 조여 갈 것만 아니고, 독서하다 때때로 틈이 나면 심을 고요하고 적적한 가운데 자유롭게 노닐게 하여 성정을 풍부히 길러야 한다. 활시위는 항상 팽팽하게 매어 두는 것이 아니다. 때로는 활시위를 풀어 활의 탄력을 더하고, 거문고의 줄도 때로는 느슨하게 풀어 현絃의 묘음妙音을 더해 간다. 만물은 원元, 형亨, 이利, 정貞의 과정을 거치며 생성 소멸해 간다. 원元은 봄으로 생명의 싹틈이고, 형亨은 여름으로 생명의 무성한 성장이며, 이利는 가을로 생명의 결실이고, 정貞은 겨울로 생명의 저장이고 휴식이고 기다림이다. 봄, 여름, 가을, 겨울의 사계절 순환이 한 번 끝나면 다시 봄으로 되돌아가 사계절의 순환이 계속된다. 이렇게 맞물린 고리처럼 끝없이 순환되는 것이 자연의 섭리이다. 새벽은 원이고, 낮은 형이고, 저녁은 이이고, 밤은 정이다. 그러므로 정의 밤이 알차고 아름다우면 다시 원의 새벽이 알차고 아름답게 열린다. 참고로 이 '숙흥야매잠'은 퇴계의 주저 『성학십도』의 제10도에 수록되어 있다.

63. 비단 치마 위에 홑치마를 걸치라

 비단 저고리 위에 홑저고리를 걸치고 비단 치마 위에 홑치마를 두르니, 비록 그 속에 아름다움이 있으나 겉으로는 드러나지 않는다. 옛 선비들은 스스로 닦은 학문을 이같이 겉으로 드러내지 않고 깊이 감추어 삼가고 경계하였다. 나는 스스로 부끄러움이 없기를 바랄 뿐 구태의연하게 남들이 자신을 알아주기를 바라지 않는다. 내 마음 속의 밝은 덕의 광명을 충실히 길러 그 쌓임을 애써 감추고, 오직 마음 속 깊이 갈무리해 두고자 한다. 그러나 하찮은 사람일지라도 선善이 있을 때는 이를 세상에 드러내어 칭송하기를 미루지 않는다. 그리고 다 해진 솜옷을 문양 있는 비단 옷 위에 덮쳐 입음으로써 그 화려함이 세상에 드러나는 것을 막는다. 누가 알았겠는가? 공자 문하의 안회는 겉으로 어리석게 보였고 증자는 미련스럽게 보였지만, 그 마음 깊숙한 곳에는 지극한 아름다움이 가득 감추어져 있었음을. 『중용』의 말미에는 『시경』에서 직접 인용한 구절이 여덟 곳이나 보이는데, 이는 비록 소리도 없고 냄새도 없지만 마음 속 깊이 숨어 있는 이런 도道의 향기를 함양하기 위해서였다. 아, 넓고도 크도다, 숨은 도의 향기여, 성문聖門의 묘함이여! 덕으로 들어가는 문은 오직 이 도의 지극함을 요할 뿐이다. 아, 왕씨 가문의 자

손들이여! 매일매일 이 경재에 새겨진 내용에 입각하여 깊이를
더하고 세밀함을 더해 고인古人과 더불어 숨은 도의 향기를 함
께할지어다.

絅齋銘

衣錦絅衣, 裳錦絅裳, 有美于中, 而弗自章. 云胡昔人, 若是
其晦, 爲己之功, 無與乎外, 懍焉戒惕于微. 我欲亡愧, 匪蘄
人知, 充實光輝, 其積莫揜, 而我之心, 惟一韜斂. 細人有善,
汲汲暴揚, 敝縕中閟, 文錦外張. 孰知聖門, 回愚參魯, 撲兮
若無, 至美森具. 中庸之末, 凡入引詩, 聲臭泯然, 繇此其基.
淵乎至哉, 聖門之妙, 入德之門, 曰惟至要. 掎歟王子, 日處
此齋, 盍深盍微, 古人與偕.

진덕수眞德秀의 경재명

【해 설】

　경絅'이란 무명이나 삼베로 만든 홑옷을 말한다. 보통사람들은 자
신의 부나 명예, 학문이나 선행을 남들 앞에 드러내려 한다. 그래서
남들로부터 시기 질투를 받아 마음이 상하거나 중도에 좌절하고 만다.
즉, 선善의 씨앗이 자라 그 열매를 맺기도 전에 퇴색하고 만다. 그러
나 현인賢人들은 비단옷 위에 초라한 무명으로 만든 홑옷을 걸침으로
써 비단 문양의 화려함이 외부로 드러남을 감춘다. 다시 말해서 자신
의 덕을 밝히기 위한 위기지학爲己之學의 학문을 안으로 익히고 익혀
서, 마치 '투박한 독 안의 잘 익은 술이 향기를 온 사방에 발하듯이'
숨은 도道의 향기를 은은히 주위로 내뿜는다. 공자의 제자 안회는 겉
으로 보기에 어리석었고, 증자는 미련스러워 보였다. 그러나 오랜 세
월 동안 남모르게 묵묵히 수행한 숨은 도道가 무르익어 마침내 그윽한

덕향德香으로 피어났다. '비단 옷 위에 삼베옷을 걸친다'는 『시경』 속의 말은 가치관이 혼재된 오늘날, 그래도 고요한 곳에서 묵묵히 바른 삶을 추구해 가는 수행자들의 침묵과 지조와 외로움과 기다림을 잘 대변해 주는 명구라 하겠다.

64. 독서의 나룻배로 시공을 넘으라

넓구나, 세상에 으뜸가는 성인聖人이시여, 우주의 기틀을 연구함이 극도로 깊어서 입으로 하신 말씀은 그대로 경전이 되어 하늘의 마음에 이르렀구나. 하늘의 마음은 더없이 밝고, 성인의 도모함은 더없이 넓다. 그 밝은 도가 훼손됨 없이 그대로 나에게 전해지니 그 은혜가 한이 없구나. 아, 비록 배우는 제자가 천년 뒤에 태어났더라도 누가 성인께서 멀리 계신다고 말할 수 있겠는가? 성인께서 남기신 경전이 아직 그대로 여기 남아 있고, 누구든지 그 경전만 읽으면 그 취지를 얻을 수 있는데. 그러므로 장구章句나 적당히 분석하고 조합하여 제멋대로 그 뜻을 억측하고, 수사가 빼어난 화려한 문장이나 외워 높이 받들고, 마음에 품은 녹봉이나 이익을 얻기 위한 수단으로 과거지문科擧之文이나 구하러 사방팔방으로 분주하게 돌아다니는 일 등을 내가 어찌 취하겠는가? 아, 배우는 자들은 독서의 목적이 반드시 얻어야 할 특별한 내용이나 지식이 아니라 자신의 초심初心을 되찾기 위한 것임을 명심해야 한다. 그럼 그 초심이란 무엇인가? 네가 당연히 그런 것으로 알고 있는 양심이나 명덕, 즉 천리天理를 말하니, 이를 책에서 확인하고 깨달아 가는 과정이 곧 독서하는 과정이다. 네가 독서를 통해 어느 정도 앎이 온전해지면, 외우고 노래하고 연구하고 반복하는 이 과정을 계속 밀고 나아가서 마치 강물 속에 유유히 헤엄을 치듯 몸에 흠뻑 젖게 하여 방자하지도 얽매이지도 않도록 하라. 오직 마음을 평온하고 고요하게 가지고 마땅한 도리인 리理를 이해, 성찰, 체득하여 간절히 실천해 가면, 그 쌓인 공덕이 차차 깊어져서 그 밝음이 훤히 드러나 마침내 리理의 대체大體가 서게 된다. 성인께서 어찌 나를 속이시겠는가? 진실로 나를 격려하시고 자극하시어 내 스스로 묘리를 알아내고 이를 실천에 옮기도록 조용히 기다리신다. 성인께서는 마치 처음 불이 붙기 시작하고 처음으로 샘물이 솟아오르듯이 우리들을 올바른 수행의 길로 인도하여 일단 첫 발자국만 제대로 옮기도록 이끌어 주시면 그것으로 족하다. 그 이후 계속 수행의 길로 나아가는 일은 오직 우리 자신에게 달려 있지, 누가 베풀어주거나 막는 것이 아니다. 태산을 오를 때에 더욱 높이 오를수록 더욱 우러러보이듯이, 리理는 모양이 없어서 궁구하면 궁구할수록 더욱 심묘, 광대해지고 경전이 담고 있는 의미는 더욱 무궁해진다. 아! 배우는 이들이 더욱 공경하는 마음으로 이 글을 마음 속 깊이 새겨 독서에 매진하면 성현이 될 희망은 그만큼 더 커져 갈 것이다.

讀書樓銘

洪惟元聖, 硏幾極深, 出言爲經, 以達天心. 天心煌煌, 聖謨洋洋. 有赫其傳, 惠我無疆. 嗟哉學子, 生乎千載, 孰謂聖遠. 遺經猶在. 孰不讀書, 而味厥旨, 章句是鑿, 文采是事, 矧其所懷, 惟以祿利, 茫乎四馳, 其曷予曁. 嗟哉學子, 當知讀書, 匪有所爲, 惟求厥初. 厥初維何, 爾所固然, 因書而發. 爾知則全, 維誦維歌, 維究維夏, 維以泳游, 勿肆勿梏. 維平乃心,

以會其理, 切于乃躬, 以察以體, 積功旣深, 有煇其明, 迴然
意表, 大體斯呈. 聖豈予欺, 實發予機, 俾予自知, 以永于爲.
若火始燃, 若泉始達, 推之自玆, 進孰予遏. 若登泰山, 益高
益崇, 維理無形, 維經無窮. 嗟哉學子, 益敬念玆, 以是讀書,
則或庶幾.

장식張栻의 독서루명

【해 설】

　독서를 하는 목적은 무엇인가? 우선 내 존재의 근원을 알고, 나와
내 주변 존재들과의 관계를 알며, 이 앎을 바탕으로 일상생활에서 직
접 몸으로 실천하여, 나를 나로서 존재할 수 있도록 해 준 하늘, 땅,
부모, 사람, 물物들의 은혜에 감사하고 이들을 위해 무언가 보탬이 되
도록 노력하며 살아가기 위해서다. 우리는 누구나 우리 마음 가운데
리理의 한 파장인 명덕明德이라는 광명을 천성적으로 부여받았다. 그러
나 그 명덕의 광명체는 마치 금광석 안의 금처럼 오직 가능태로서 잠
재되어 있을 뿐이다. 금강석은 뜨거운 용광로 속에서 제련을 거쳐 잡
물이 제거되어야 순금이 되듯이, 이 가능태로서의 명덕을 드러내기 위
해서는 수행의 용광로가 필요하다. 인류의 긴 역사 속에는 이 수행의
과정을 잘 견디어 명덕을 밝힌 선각자들이 많이 있다. 이런 대각자大
覺者들이 남긴 완전한 말씀은 그대로 경전이 되어 오늘날까지 전해진
다. 독서를 한다는 것은 결국 이렇게 앞서간 성인들의 말씀에 따라 올
바른 수행의 길에 올라 치열한 구도 자세를 견지하여, 결국 나 자신을
알고 나아가 이웃을 올바른 삶의 길로 인도하여 모든 존재들이 타고
난 생명력을 마음껏 발휘하고 마음껏 즐겨 스스로 완성의 길로 나아
가도록 이끌어 주는 데 그 의미가 있다. 그러나 독서가 사리사욕을 채
우고 자신만의 식욕, 색욕, 물욕, 명예욕, 권력욕을 채우는 수단으로
전락될 때는 독서의 진정한 취지와 목적은 상실되고 만다.

65. 용머리를 그렸으면 용꼬리도 그리라

　의관衣冠은 바르게 하고, 용모는 나태하지 않게 하고, 보고 듣는 데 삼가고, 몸가짐을 법도에서 벗어나지 않게 한다. 대화 속의 말은 마음 가운데의 바른 도리를 따르게 하고, 잠자리에 들고 일어나는 일상생활은 스스로 정한 법도를 따르게 한다. 일을 할 때는 공경을 다하고 사리事理의 마땅함이 통하도록 한다. 천리를 보존하고 곧게 지키며 그 근본을 잃지 않도록 경계한다. 바깥의 엄숙한 행을 통해 내면의 마음을 유유한 가운데 엄숙히 보존하고, 마음 속의 수행을 통해 쌓인 도덕규범을 밖으로 드러내어 행위의 준칙으로 삼는다. 천명天命을 두려워하고, 마무리를 소홀히 하지 않도록 조심한다. 돌 위에 이 글을 새겨 게으름을 막는 금구禁句로 삼고자 한다.

葵軒石銘

正爾衣冠, 無惰爾容, 謹爾視聽, 無越爾躬. 爾之話言, 式循爾衷, 爾之起居, 式蹈爾庸, 敬爾所動, 毋窒其通, 貞爾所存, 無失其宗. 外之云肅, 攸保于中, 中之克固, 外斯牽從. 天命可畏, 戒懼難終. 勤銘于石, 用做爾慵.

장식張栻의 규헌석명

　　사람의 내면과 외면은 서로 연결되어 있다. 내면의 마음이 둥글고 원만하고 광대하고 심오하면, 외면의 행동도 둥글고 원만하고 광대하고 심오하게 드러난다. 반면에 내면의 마음이 모나고 편협하고 왜소하고 천박하면, 외면의 행동도 모나고 편협하고 왜소하고 천박하게 드러난다. 때로는 겉치레만 잘 다듬어 어느 정도 원만하게 보이도록 할 수도 있지만, 한순간은 속일 수 있어도 영원히 속일 수는 없다. 바깥의 엄숙한 행동을 통해 내면을 엄숙히 단속하고, 내면의 잘 수행된 도덕적 원리를 통해 바깥 행동을 바르게 단속해 간다. 항상 사리사욕이 배제된 공평무사한 천명을 존중하고, 일단 일을 시작했으면 반드시 그 끝을 볼 수 있는 정성과 근면을 지녀야 한다.

66. 샛길을 버리고 정로正路로 가라

  사람은 원래 떳떳한 도리인 성性을 갖추고 태어난다. 하지만
이 성性이 형기形氣에 부딪혀 정情이 되고 이 정情이 물物에 이
끌려 동動하게 되면 원래의 맑은 명命은 무너지고 만다. 오직
성인聖人만이 성취함이 있어 하늘의 마음과 더불어 완전히 하나
가 되어 도道를 닦고 가르침을 세워 오늘날까지 전하여 깨우쳐
주신다. 그러므로 누가 성인의 도道가 멀리 있다 하겠는가? 이
같이 수행의 대체를 말하는 것은 오직 그대로 하여금 학문을
통해 성인에 이르고자 함이다. 공자와 맹자의 말씀은 아득히 멀
고 이단異端은 갈수록 세력을 더하여 머리가 희도록 글을 배워
도 과연 어느 길이 참된 학문의 길인지를 분간하지 못하던 때
에, 천년의 세월을 훌쩍 뛰어넘어 우뚝 솟아난 분이 있었으니
이 분이 바로 염계 선생이다. 학덕 높으신 큰 선비 염계 선생께
서 홀로 천지의 근원을 탐구하시어 큰 도리道理를 깨달으시고는,
지극한 정성으로 그림을 통해 어두운 것은 드러내고 미묘한 것
은 밝히시었다. 성인의 학문이 후세에 전해지는 데는 오직 한
사람만의 공으로는 부족하니 두 정자程子, 즉 정명도 선생과 정
이천 선생 두 형제분이 그 뒤를 이었다. 두 정자께서는 염계 선
생의 훌륭한 학문에 힘입어 스스로 큰 도리를 터득하시고 이
학문의 맥을 더욱 크게 빛내서서, 전체를 뒤섞어도 한 원리에

관통되지 않는 것이 없었고 나누어 그 정밀함을 분석해도 적중
되지 않음이 없었다. 체와 용의 관계를 뚜렷이 살펴 미진함을
남기지 않으시고 은隱과 현顯의 관계를 정밀히 하여 사물의 조
짐에서 드러남에 이르기까지 그 과정을 밝히시어, 마치 해와 같
이 밝은 성인의 도에 합치되었다. 이리하여 두 선생은 성인聖人
의 학문을 마음으로 전승함에 후인들의 종갓집이 되셨다. 우계
의 물가에 한 전각이 우뚝 솟아 있고 그 안에 염계 선생과 명
도 선생과 이천 선생 세 분의 초상을 밝게 그려 모셔 두었으니,
그 분위기가 가을처럼 엄숙하고 봄처럼 따스하다. 전각 이름을
'마음을 전한다'는 뜻인 '전심각傳心閣'으로 정했으니, 후인後人들
은 이 앞에서 경배하고 공경하고 사모하는 마음을 일으켜 무궁
토록 그 전하는 말의 깊은 뜻을 새기길 바란다. 세 분 선생의
말씀을 음미하고, 행하신 바를 살펴서 몸으로 체득해 가라. 세
분 선생께서 공들인 부분에 그대도 공을 들이고, 세 분 선생께
서 보여주신 지극한 정성을 그대의 지극한 정성으로 삼아라. 도
道에는 서로 다름이 없으니 이 전각의 이름인 '전심傳心'의 깊은
뜻이 천고千古에 변하지 않도록 이 명銘의 첫머리 부분을 후인後
人들은 유념하기 바란다.

南劍州　尤溪縣　傳心閣銘

惟民之生, 厥有彝性, 情動物遷, 以隳厥命. 惟聖有作, 純乎
天心, 修道立敎, 以覺來今, 孰謂道遠. 始卒具陳, 卑爾由學,
而聖可成. 鄒魯云邈, 異端日滋, 白首章句, 倀倀何之. 惟子
周子, 崛起千載, 獨探其源, 以識其大, 立象盡意, 闡幽明微.
聖學有傳, 不曰在玆, 惟一程子, 實嗣其徽, 旣自得之, 又光

大之. 有渾其全, 則無不總, 有析其精, 則無不中. 曰體曰用,
著察不遺, 曰隱曰顯, 莫間其幾, 於皇聖心, 如日有融, 於赫
心傳, 來者所宗. 有嶸斯閣, 尤溪之濱, 翼翼三子, 繪事孔明,
儼然其秋, 溫然其春. 揭名傳心, 詔爾後人, 咨爾後人, 來拜
于前. 起敬起慕, 永思其傳, 于味其言, 于考其爲, 體于爾躬,
以會其歸, 爾之體矣. 循其至而, 爾之至矣. 道豈異而, 傳心
之名, 千古不淪, 咨爾後人, 無替厥初.

장식張栻의 남검주 우계현 전심각명

【해 설】

남검주 우계현은 주희朱熹의 묘소가 있는 곳이다. 이곳에 소위 북
송의 네 선생인 염계 주돈이, 횡거 장재, 명도 정호, 이천 정이 가운
데 주돈이, 정호, 정이 3인의 영정을 모셔 놓은 전각이 있으니 이름하
여 '전심각'이라 한다. 세인들은 주돈이를 주자周子라 칭하고, 형제지
간인 정호와 정이를 통틀어 정자程子라 칭한다. 일반적으로 공자의 학
문은 안회와 증자로 이어지고, 증자의 학문은 자사로 이어지고, 자사
의 학문은 맹자로 이어졌다고 본다. 맹자 이후 약 천 년간 그 학맥이
중단되었다가 북송의 네 징검다리를 거쳐 주희에 이르러서야 다시 그
학맥이 되살아나게 되었다. 이같이 성인聖人의 학문은 천리天理를 바탕
으로 마음에서 마음으로, 마치 도도한 강물처럼 면면히 전승되었다.
그러므로 그 성인의 학맥을 마음으로 이어받는다는 것은 그저 책 속
의 지식 알갱이나 배워서 이해하고 논리 속에 저장하는 것이 아니고,
바로 성인의 학덕을 본받고 온몸으로 체인하여 성인의 도에 합치되어
곧바로 성인과 하나가 되는 것을 의미한다. 그리하여 천지와 더불어
생생지도生生之道의 천지사업 즉, 인仁을 실천해 가는 것을 말한다. 이
런 깊은 뜻을 지닌 '전심傳心'이라는 전각의 이름은 후인들의 옷깃을
여미게 하는 엄숙함을 지니고 있다.

67. 말은 느리고 행동은 빠르게 하라

    사람이 세상을 살아가면서 말과 행동의 역할이 중요한데, 말은 섣불리 나오기 쉽고 행동은 느리고 나태해지기 쉽다. 그래서 옛 군자들은 말과 행동의 어려움을 생각하고, 마음의 근본을 엄격히 하고, 마땅한 도리를 세워서 조그만 틈도 허용하지 않았다. 말을 할 때에는 그 말의 실천 여부를 자세히 살펴본 후 만약 그 사이에 조그만 간격이라도 있으면 스스로를 속인다고 생각하였다. 그래서 입을 조심하여 틀림없는 말이 아니면 마음속에 넣어 두고 쉽사리 입 밖으로 드러내지 않았다. 그 결과 그가 한 말은 모두가 참되고 옳고 반드시 실천이 따르는 실언實言이 되었다. 행동을 할 때는 입 밖에 냈던 말을 살펴서 곧바로 실천에 옮기지 않으면 스스로의 허물이라고 생각하고, 마치 살얼음을 밟듯이, 깊은 물가에 이른 듯이 전전긍긍하며 그 행동을 바로잡아갔다. 그 결과 그가 한 행동은 모두가 참되고 옳고 반드시 근거가 있는 마땅한 행동이 되었다. 마음의 안과 밖이 서로 번갈아 바로잡아 주고 움직임과 고요함이 서로 번갈아 힘이 되니, 마치 노래를 따라 부르듯, 그림자가 물체를 따르듯 옛 군자들은 언행이 괴리되는 일이 잠시도 없었다. 항상 성성惺惺하여 심心이 흐려지지 않도록 이끌어 가는 것, 이를 일러 경敬 혹은 보존함(保)이라 한다.

顧齋銘

人之立身, 言行爲大, 惟言易出, 惟行易怠. 伊昔君子, 聿思
其艱, 嚴其樞機, 立是防閑. 於其有言, 則顧厥爲, 豪釐之浮,
則爲自欺. 克謹于出, 內而不外, 確乎其言, 惟實是對. 於其
操行, 則顧厥言, 須臾弗踐, 則爲已忿. 履薄臨深, 戰兢自持,
確乎其行, 惟實是依. 表裏交正, 動靜是資, 若唱而和, 若影
而隨, 伊昔君子, 胡不慥慥. 勉哉勿渝, 是敬是保.

장식張栻의 고재명

【해 설】

　사람들은 일상생활에서 주로 말과 행동을 통해 자신을 드러낸다.
그만큼 말과 행동은 자신을 표현하고 알리는 중요한 수단이다. 그러나
대체로 말하기는 쉽고 실천에 옮기기는 어렵다. 그래서 선인들은 말은
어눌하게 하고 행동은 민첩하게 하라고 충고했다. 군자는 말할 때는
행동을 살피고, 행동할 때는 그 말을 살핀다. 그 결과 마치 형체에 그
림자가 따르듯 그 말과 행동이 서로 합치되었다. 재명齋名에 돌아볼
'고顧'자를 붙인 것도 말을 발설할 때는 반드시 그 실천 여부를 돌아
보라는 뜻에서였다.

68. 미련함으로 장애를 돌파하라

　　왕씨 가문의 회지(王柏)가 재실 이름을 '미련하다'는 뜻의 '노魯'자를 따서 '노재魯齋'라 지어 놓고 스스로를 경계하였고, 뒤에 그와 벗으로 지내던 중공仲恭 하기何基로 하여금 잠箴을 짓게 하여 걸어 두었다. 여기서 하기何基가 말하기를 "왕씨의 아들은 미련한 사람이 아닌데 그 스스로 어리석다 하니, 이는 옛적에 증자曾子께서 공자 문하에 계실 때 스스로 미련하다 하시면서도 성인의 학문 전반을 하나로 관통하는 원리를 홀로 헤아려 얻던 모습을 본받기 위해서가 아니겠는가?"라고 하였다. 이같이 독실하고 견고하고 인내를 요하는 학문에 전념하면서 증자의 효험을 얻고자 함이었으니, 그 뜻이 실로 깊고 원대하다고 하겠다. 잠箴의 내용은 다음과 같다.

　　사람이 태어남에 태극을 품부 받아서 만 가지 이치가 스스로 구비되고 만물의 법칙을 모두 갖추어서, 때로는 지각하며 때로는 텅 비어 신령스럽기 그지없도다. 이를 일러 명덕明德이라 한다. 때로는 이 밝은 덕이 가려서 어두워지는 경우가 있는데 이는 모두가 기질 탓이다. 어떻게 하면 그 가려진 것을 제거해 버리고 원래의 밝은 모습을 되찾을 수가 있을 것인가? 이는 바로 학문을 통해서이다. 증자는 일만 세대가 흘러간 지금도 수행의 모범이 되는 분이다. 처음에는 미련함이 병이더니 끝내는 이 미련함을 통해 도道에 계합했는데, 이 미련함은 곧 성실함을 말한다. 확고하고 심오하고 전일全―하고 정밀하고 순수하고 엄밀한 것은 모두 성실함을 위한 것이고 이 성실함을 통해 시작과 끝을 동시에 아름답게 성취할 수 있었다. 항상 "살얼음을 밟는 듯, 깊은 물가에 이른 듯하라"는 『시경』의 말로 스스로를 타이르고, '일일삼성一日三省'이라는 스스로 세우신 수칙을 통해 혹시 정도에 벗어난 일이 생길까 두려워하고 경계하였다. 그리고 성인聖人의 문하에서 강의하고 논의할 때에는 그 말이 자세하면서도 방대하였다. 예禮나 효孝를 들으면 작거나 비근한 것도 몸소 실천하여 덕행을 쌓아 갔고, 성誠과 명明을 겸전하고 경敬과 의義로써 나아가 충서忠恕의 원리를 꿰뚫어 만 가지 이치에 관통하였다. 이같이 증자는 자공과 더불어 사물의 이치를 통달한 사람으로 따를 자가 없었으니, 어찌 증자를 미련하다고 말할 수 있겠는가? 오히려 얻은 결과를 두고 볼 때는 영민하다고 하는 편이 더 나을 것이다. 뛰어나구나, 왕씨의 아들이여! 옛 분을 추종하여 이와 같은 이름을 편액으로 삼아서 아침에 타이르고 저녁에 경계하는구나. '미련함이 병이 되지 않는다'는 말은 실천함에 있어 쉽고 어려움을 분간하지 않는다는 말이고, '미련함에 안주하지 않는다'는 말은 학문을 하되 조그만 이익에 머물지 않는다는 말이다. 그리고 '미련함으로 인해 도道에 들어간다'는 말은 오히려 미련함이 도의 징검다리가 된다는 말이다. 예컨대 받은 기氣가 바르지 못하고 치우쳐 있으면 징벌하여 극복하고, 의리義理가 미흡하면 명백히 판단하고 분석하여 확충해 가고, 지와 행을 합일시키고, 마음 안팎이 서로 관통되도록 하고, 그 뜻을 확고하게 견지해 가면 반드시 도의 문에 이를 수 있다. 앞서간 철인哲人들도 결국 이와 같은 취지의 말을 했을 뿐이다. 남이 백 번하면 나는 천 번하는 자세로 명덕을 밝혀 가고, 오로지 중도에 그만 두지 않음으로써 궁극적인 진리에 이른다. 약삭빠르게 여러 가지 사려를 뒤섞어서 순수한 마음을 거칠게 만드는 것은 나 스스로 나를 해치는 일인데 어찌 이를 '미련함' 탓으로 돌릴 것인가? 여기 잠箴을 지어 새겨 두었으니 허튼 마음을 먹지 말고, 오직 일심으로 가슴에 간직하여 싫증남이 없도록 하라.

魯齋箴

王子會之名其齋, 曰魯旣爲記以自警. 後俾其友人何基仲恭父作箴揭之. 基謂, 王子非魯者, 而自以爲魯, 豈不以昔者曾子之在, 聖門見謂爲魯, 而一貫之妙. 獨參得之蓋將從事於篤實堅苦之學, 以收曾氏之效也. 與其志可謂遠矣, 乃爲之箴曰. 維人之生, 均稟太極, 萬理森然, 咸具物則, 知覺虛靈, 是謂明德. 或蔽而昏, 則由氣質. 曷開其明, 曷去其塞, 復其本然, 惟學之力. 昔者子輿, 萬世標的. 始病於魯, 竟以魯得. 匪得于魯, 而得于實. 確固深純, 精粹嚴密, 稽其用功, 有始有來. 履薄臨深, 是警是飭, 日省者三, 猶懼或失. 講辨聖門, 是纖是悉, 聞禮聞孝, 寸累銖積, 誠明兩進, 敬義偕立, 一唯領會, 萬理融液. 彼達如賜, 乃弗能及, 孰謂參魯, 收功友亞. 卓哉王子, 追從在昔, 有扁斯名, 朝警夕惕. 勿病於魯, 謂質難易, 勿安於魯, 謂學無益. 由魯入道, 有魯可式, 氣稟之偏, 則懲則克, 義理之微, 則辨則析, 知行兼盡, 內外交迪, 確乎其志. 前哲是述. 人百己千, 明乃可必, 從而上達, 則在不息.

滅裂鹵奔, 乃吾自賊, 歸咎于魯, 豈不大惑. 我作斯箴, 侑坐
是勒, 勿貳爾心, 服膺無斁.

하기何基의 노재잠

【해 설】

　'노魯'라는 글자는 '미련하고 우둔하다'는 뜻이다. 그런데도 회지
왕백은 그의 재실 이름을 '노재魯齋'라 지어 편액을 만들어서 자신의
행동을 가다듬었다. 여기에는 큰 뜻이 있다. 공자의 학통을 이어받은
증자는 오히려 미련했기 때문에 도에 이르는 멀고 먼 노정에서 자그
만 이익이나 일시적인 편안함에 유혹됨이 없이 오직 한 길로만 묵묵
히 정진하여 충서忠恕의 원리를 꿰뚫고 대오大悟할 수 있었다.

　세상에는 서 푼도 안 되는 작은 지식으로 손익을 계산하고 쉽고
어려움을 저울질하는 사람들이 대부분이다. 눈이 있어도 예禮가 아니
면 보지 않고, 귀가 있어도 예가 아니면 듣지 않고, 입이 있어도 예가
아니면 말하지 않고, 몸이 있어도 예가 아니면 행하지 않는 사람이 과
연 몇 명이나 있을까? 대부분의 사람들은 저 숭엄한 산맥의 정상에는
오르지 못하고, 정상으로 이르는 노정에 있는 조그만 봉우리에 주저앉
아 얄팍한 지식으로 이리저리 측량하고 적당히 맞추고 장식하면서 한
생애를 마감하고 만다. 그러므로 약삭빠른 영리함보다는 오히려 우둔
한 미련함이야말로 도에 이르는 강력한 디딤돌이 된다. 미련하기 때문
에 쉽고 어려움의 여부를 따지지 않고 묵묵히 정진해 가고, 미련하기
때문에 자그만 이익이나 편안함에 유혹되지 않고 장님이나 귀머거리
처럼 앞만 보고 한걸음 한걸음 나아간다. 왕백이 자신의 재실 이름을
'노재魯齋'라 지은 뜻이 바로 여기에 있다.

　오늘날 우리나라에도 웬만한 가문이면 저마다 크고 작은 재실을
가지고 있다. 그러나 과연 몇 사람이 재실에 붙어 있는 편액이나 주련
의 글귀를 이해할까? 그저 시제나 지내는 형식적 공간으로 이용될 뿐

_185

이다. 낡은 기왓장의 육신만 있고 그 귀한 얼이 죽었으니 서글픈 생각
이 앞설 뿐이다.

69. 부지런함으로 가는 해를 잡으라

하늘과 땅은 잠시의 멈춤도 없이 운행하고, 세월은 나를 기다리지 않으며, 해와 달은 쏜살같이 달린다. 그러므로 군자는 스스로 힘써 행하기를 멈추지 않고 부지런히 자신을 살피고, 저녁이면 하루 일을 돌이켜보고 두려워한다. 우 임금은 촌음을 아꼈고, 주공周公은 일찍 깨어나 날이 새기를 기다렸다. 이같이 성인들도 혹시 게으름이 침입할까 염려하여 집 밖에 나아가서는 부지런히 천하를 위해 힘쓰고 집 안으로 들어와서는 고요히 마음을 거두어 쉬면서 천리를 보존하기에 힘썼다. 그런데 대부분의 사람들은 어리석게도 스스로를 해치고 자포자기에 빠져 있으니, 이 점이 바로 이 늙은이가 마음 아파하는 곳이다. 나는 나이가 어릴 적에 배움에 힘쓰지 못해 마음 속의 밝은 덕을 밝히지 못하여 캄캄하기 이를 데 없다. 그러나 지금 후회해 본들 무슨 소용이 있겠는가? 아, 젊은이들아! 그대의 젊음을 자만하지 말라. 까까중머리와 젖니로 어머니 품속에 있던 시절이 얼마인가? 말하는 사이에 벌써 훤칠하게 자라 청년이 되어 있다. 그대가 추워하면 부모님이 털옷을 껴입혀 주고 그대가 배고파하면 음식을 먹여 주듯이, 스승과 벗이 그대를 갈고닦아 주고 엄한 훈계로써 그대를 가르치고 타일러 준다. 밝고 깨끗한 창문 아래 책

상이 단정하게 놓여 있는데도 게을러서 배우지 않으면, 마치 새
나 짐승의 털 같은 수염이나 눈썹만이 무성해지기를 기약할 뿐
이다. 젊은이들아, 스스로 힘써 부지런히 배우고 다른 사람들을
돌아보지 마라. 내가 멀지 않은 곳에서 감시하고 있겠다. 때로
는 착한 일을 하고 때로는 악한 일을 하는 것도 목숨이 붙어
있을 때에만 가능하고, 때로는 기뻐하고 때로는 두려워하는 것
도 부모님이 살아 계실 때에만 가능한 일이다. 그러므로 이 두
구절을 삼가 받들어 중단함이 없이 꾸준히 행하라. 동쪽이 훤히
밝아 오면 성리性理를 밝히는 책과 도圖를 책상 앞에 펼쳐 놓고
이 잠箴을 보면서 천릿 길도 한 채찍으로 달리는 기개氣槪로 배
움에 전념하라. 그러다가 날이 저물면 조용히 앉아 그대가 가는
길이 과연 바른 길인지를 헤아려 보라. 이 잠시箴詩를 노래하며
그대 마음 속의 마치 얼음과 숯불같이 상반되는 천리와 인욕을
잘 구분하여 오직 정도正道로 나아가라.

愛 日 箴

天地之化, 一日不停, 歲不我與, 日月駿奔. 是以君子, 自强
不息, 審己乾乾, 夕焉斯惕. 禹惜寸陰, 周公待旦. 矧是聖人,
罔敢或倦, 出作入息, 衆人豈豈, 自暴自棄, 老大傷悲. 我年
嘗少, 我學不力, 明德昧昧, 噬臍無及. 嗟爾小子, 毋曰妙齡.
髮齔幾何, 頎頎而由. 爾寒襲裘, 爾飢重味, 師友琢磨, 家庭
訓誨. 窓牖明潔, 硯席靖夷, 於焉不學, 鳥獸須眉, 相期爾深,
爾勵爾勉, 毋親他人, 我監不遠. 一善一惡, 夢覺之間, 一喜
一懼, 父母之年, 於斯二者, 兢兢業業, 毋怠而忘, 毋作而輟.
東方明矣, 圖書滿前, 視此名扁, 千程一鞭, 日云暮矣, 默計

爾程. 歌此銘詩, 冰炭爾衷.

【해 설】

애일愛日이란 하루하루를 아낀다는 뜻이다. 세월은 결코 나를 기다려 주지 않는다. 착한 일을 할까, 악한 일을 할까 따져 보는 것도 숨이 붙어 있을 때 이야기이고, 부모님이 건강하면 기뻐하고 부모님이 병이 들면 두려워하는 것도 모두 부모님이 살아 계실 때의 이야기이다. 죽고 나면 선도 악도 없고, 부모님이 돌아가시고 나면 기뻐할 일도 두려워할 일도 없다. 그러므로 아직 젊고 활력이 남아 있을 때 바른 길로 나아가 존재의 근원을 밝혀 원대한 꿈을 이룰 수 있고, 아직 부모님이 살아 계실 때 효를 다해 부모님을 기쁘게 해 드릴 수 있다. 내가 여태까지는 악한 일만 했는데 내일부터는 착한 일을 하며 바른 수행의 길에 오르겠다고 맹세해 본들 세월은 기다려 주지 않고, 내가 여태까지는 부모에게 잘못했는데 내일부터는 효를 다해야지 하고 다짐해 본들 세월은 부모님을 내일까지 이 세상에 머물게 허락하지 않는다. 그야말로 무정세월無情歲月이다. 새벽에 눈을 뜨면 또 하루의 소중한 삶을 나에게 선물한 하늘에 감사하며 보람 있는 하루를 계획해야 한다. 어쩌면 내가 살고 있는 '오늘'이 어제 어느 중환자 병동에서 죽어 간 사람이 그토록 애절하게 바란 '내일'인지도 모른다. 정말 시간은 소중하다. 유한한 존재인 우리는 주어진 오늘에 감사하고 최선을 다하며 내일을 기다리면서 영원을 꿈꿀 뿐이다.

70. 빈 배처럼 유유히 세상을 살아가라

나는 일찍이 『장자莊子』에 나오는 빈 배라는 뜻의 '허주虛舟'라는 글귀를 즐겨 외웠다. 그런데 장사군長沙郡이라는 곳에 재실 하나가 있었는데 그곳 조그만 방의 이름이 방주方舟였다. 이 이름을 '허주虛舟'라고 고치고 싶었는데 그럴 틈이 없었다. 그러던 중 쌍정雙井의 황씨 어른이 '허주'라는 이름을 붙였기에 내가 흔쾌히 사언四言 형식으로 다음과 같은 글을 짓게 되었다.

십만 말(斗)의 많은 곡식을 가득 실은 배가 노를 젓지도 않고 밧줄을 당기지도 않는데 유유히 긴 강을 따라 흘러가니 그 가는 것을 두고 이르기를, 배 안에 누가 있어 그 배를 부딪침 없이 이끌어 간다고 한다. 그러나 본디 배에는 마음이 없고, 마음이 없으므로 원망하고 탓할 것도 없다. 덕 있는 사람은 하늘에 노닐며 그 안에서 스스로 넉넉하다. 본디 나에게는 사랑도 없고 미움도 없고, 자연에는 저절로 봄과 가을이 순환하고 이슬과 비가 내린다. 어느 누가 이 큰 덕을 알 것이며, 눈 내리고 서리 엉기는 것이 어찌 사람을 괴롭히기 위한 자연의 의도라고 말하겠는가? 여기 두 형제가 있어 백씨伯氏는 허물이 없고자 하고 계씨季氏는 평소 어진 이를 닮고자 하는 마음을 품었으니, 이들의 어진 마음을 배울 만하구나. 갈피를 못 잡는 못난 사람들은 자기 욕심에 가리고 사사로움에 막혀서 무수히 창칼을 앞세우고 만물과 서로 대적하기만 하는구나. 이를 보고 한 방울의 물거품이 "나는 누구와 멀고 누구와 친한가?"라고 말하며 비웃음을 짓는다. 황씨 어른이 스스로 '허주'라고 지어서 후인들에게 비록 세상살이가 아득히 멀고 물결이 높고 거세어도 마치 빈 배처럼 나아가 어떤 변화에도 흔들리지 말 것을 당부하고 있다.

虛舟銘

余嘗喜誦, 莊子虛舟語, 長沙郡齋有小室名方舟, 欲易之未暇也. 雙井黃子迺以爲名, 余忻然爲作四言. 萬斛之舟, 不楫不維, 泓泓長川, 縱其所之. 云誰有船, 適與之觸, 舟本何心, 奚怨奚讟. 德人天遊, 其中休休, 我無愛憎, 物自春秋. 雨露零零, 孰知其德, 雪霜凝凝, 豈曰予刻. 伯氏無尤, 季平見思, 懷敖兩賢, 心事可師. 紛紛小夫, 欲蔽私室, 森然戈矛, 動與物敵. 涪翁有言, 吾誰疎親, 子今自名, 豈其後人. 世塗漫漫, 濤激浪洶, 往安子行, 萬變勿動.

진덕수眞德秀의 허주명

【해 설】

허주虛舟 즉 빈 배는 아무런 힘을 가하지 않아도 바람 따라 물결 따라 유유히 흘러간다. 삶도 만물도 이와 마찬가지다. 사리사욕을 버리고 자연의 순리대로 따라가면 아무런 저항도 받지 않고 유유하게 흘러갈 수 있다. 그런데도 인간은 갖가지 사욕과 번뇌와 불신에 싸여 있기 때문에 행동 가운데 인위가 들어가고 조작이 들어가고 억지가 들어가서, 주변 사물과 충돌하고 서로 싸우고 배반하고 배반당하면서 어렵게 한생애를 보낸다. 푸른 하늘의 조각달은 돛대도 없고 삿대도

없이 서쪽나라로 잘도 가고, 산허리의 단풍나무는 보아주는 이 없어도
봄이 되면 어김없이 잎이 트고 여름이면 무성하게 자라고 가을이면
빨갛게 단풍 들고 겨울이면 뿌리로 들어가 휴식을 취하며 다음 봄을
기다린다. 일단 마음이 비고 나면 산은 산이고 물은 물이며, 비구니는
언제나 여자 스님인 것이다.

고경중마방 결結

옛 거울이 오래도록 묻혀 있으면
거듭 갈고 닦아도 좀처럼 광채가 나지 않지만
본래의 광명은 여전히 어둡지 않네.
옛 성현께서 남기신 묘방이 있으니
사람의 생애에서 늙거나 젊거나
여기에 비추어 스스로를 강하게 하는 것이 귀한 일이네.
위공衛公은 나이 95세에도
시경詩經을 거울삼아 스스로를 닦으셨네.

위의 시는 퇴계 선생께서 잠箴과 명銘을 모두 손수 베껴 쓰신 후 비유적인 표현으로 옛 거울을 닦는 묘방을 넌지시 가르쳐주시는 대목으로, 진실로 그 속뜻이 깊다고 하겠다. 옛 분 가운데 늙어서도 수행을 그만두지 않은 분이 어찌 비단 위공뿐이겠는가? 우 임금이 순 임금으로부터 '오직 정밀히 살피고 한 길로 가라'(惟精惟一)는 심법을 받은 때가 73세였고, 무왕이 경의敬義의 글을 받은 때가 87세였다. 오늘날 젊은이들이 스스로 수행을 저버리는 것은 진실로 말할 가치도 없거니와, 늙어서 힘쓰지 않는 것도 용서받지 못할 일이다. 어찌 가슴 아프고 슬픈 일이 아니겠는가? 퇴계 선생의 위 시는 진실로 옛 거울을 닦는 지극한 묘방이라 하겠다.

정구 삼가 적음

古鏡久埋沒, 重磨未易光. 本明尙不昧, 往哲有遺方. 人生無
老少, 此事貴自强. 衛公九十五, 懿戒 存圭璋.

右, 李先生手題箴銘之後, 以寓用古方磨古鏡之義, 意固深
矣. 古人之老而不已者, 豈唯武公哉. 大禹受精一之訓年七十
三歲矣, 武王受敬義之書年八十七歲矣. 今人少而自棄者固
不足云, 老而不力者亦已矣, 夫寧不哀哉. 先生之詩, 實亦磨
鏡之至方也哉. 述敬識.

【해 설】

『고경중마방』 원문에는 물론 결結이라는 결구가 없다. 앞의 시는
퇴계 선생이 손수 잠과 명을 베껴 쓰신 후에 직접 비유 형식으로 수
행을 독려하기 위해 지은 시이고, 그 뒤의 글은 문인門人 한강 정구가
선생 시의 취지와 의도를 밝힌 글이다. 퇴계 선생 시의 뜻은 다음과
같다.

천성적으로 부여된 밝은 덕이 들어 있는 내 마음을, 일상생활에
바빠 오랜 세월 동안 그대로 방치해 두었더니 거칠고 추하기 그지
없구나. 그러나 비록 겉은 진흙에 묻혀 있어도 어찌 마음 안까지
더럽혀질 수 있겠는가? 내 마음 안은 여전히 본래의 손색없는 광
명체인 명덕으로 훤히 빛나는구나. 이제 정신을 차리고 그 마음을
닦으려 공을 들여도 좀처럼 광채가 나지 않는구나. 그러나 포기할
일은 결코 아니다. 계속 한 마음으로 닦아 가면 언젠가는 본래의
광명이 훤히 쏟아져 나올 것이 아닌가? 인생살이에서 남녀노소를
막론하고 이 일보다 더 앞서고 더 중요한 일이 그 어디 있겠는가?
그러므로 젊은 때는 말할 것도 없고 비록 늙었다고 해도 이 일을
포기해서는 아니 된다. 위魏나라의 무공은 나이가 95세에도 『시경
詩經』「대아大雅」편의 "흰 구슬의 흠은 갈고 닦을 수 있어도 한번

내뱉은 말의 흠은 고칠 수 없다"는 구절로 입을 경계하지 않았던
가?

위의 시 가운데 특히 "비록 옛 거울이 흙 속에 묻혀 있어도 본래
의 광명은 여전히 어둡지 않다"는 말은 인간 심心의 무한한 긍정을
뜻하는 크나큰 복음이라 하겠다.

고경찬古鏡贊

달은
구름 속에 있어도
언젠가
그 빛을 발하고

청산은
안개 속에 있어도
언젠가
그 푸름을 드러낸다.

거울이
흙 속에 묻혀 있어도
언젠가
본래의 광명을 되찾고

연꽃이
물 밑 진흙 속에 태어나도
언젠가
밝은 달을 짝한다.

구름은
하늘에서 태어나
하늘 품에서 노닐다
하늘로 돌아가고

물결은
바다에서 태어나
바다 품에서 노닐다
바다로 돌아간다.

『고경중마방』 해설解說을 마치며 역자 쓰다

인물 소개(게재순)

· 정구鄭逑(1543~1620)

조선시대 전형적인 사림파 관인학자로 호는 한강寒岡이며 김굉필의 외손이다. 13세 때 조식의 제자 오건을 만남으로써 진정한 학문의 길에 들어섰다. 퇴계 이황과 남명 조식의 문하에서 수학하였으며 두 학풍을 조화시켜 학문의 깊이를 더했다. 특히 예학에 밝았으며 주로 외직을 돌며 지방의 풍속교화와 교육에 힘썼다. 『오선생예설분류五先生禮說分類』, 『심경발휘心經發揮』 등의 저서가 있다.

· 성탕成湯

고대 중국 하나라의 폭군 걸桀을 몰아내고 상商나라를 세운 임금으로 뛰어난 덕을 지닌 성군으로 전해진다. 상나라는 17대 임금에 이르러 도읍을 은殷 지역으로 옮기고 나라 이름도 은으로 개칭했다. 그래서 흔히 탕 임금도 은탕으로 불려진다.

· 무왕武王

고대 중국 은나라의 폭군 주紂를 몰아내고 주周나라를 세운 임금이다. 그의 부친 문왕이 주나라를 개창하였으나 실질적인 통일은 무왕에 이르러 완성되었다. 무왕은 그의 부친 문왕, 그의 아우 주공과 더불어 주나라 3대 성현으로 일컬어진다.

· 최원崔瑗

후한後漢 때의 문신으로 자는 자옥子玉이다. 최초로 좌우명座右銘 형식의 글을 지어 벽에 붙이고 스스로의 행동을 경계하였다.

· 위하란魏下蘭
중국 고대의 문인으로 자신을 경계하는 좌우명을 써서 심신을 도야하며 소박한 생활로 본심을 지켰다.

· 백거이白居易(772~846)
당나라 태원 사람으로 자는 낙천樂天, 호는 취음선생醉吟先生 또는 향산거사香山居士이다. 당송팔대가의 한 사람으로 많은 시를 남겼다. 벼슬은 형부상서를 지냈고, 신악부운동新樂府運動을 전개하여 시로써 부도덕한 사회를 풍자하고 도의를 밝히려 했다. 대표적인 저서로는 『백씨장경집白氏長慶集』이 있다.

· 이지李至
송나라 진정 사람으로 자는 언기言幾이다. 어릴 적부터 마음이 고요하고 맑아 학문에 전념했다. 벼슬과 학문을 겸한 사대부로 이름이 높았다.

· 유우석劉禹錫(772~842)
당나라 중산 사람으로 자는 몽득夢得이다. 유종원과 함께 고문운동을 전개했다. 천인교상승설天人交相勝說을 주장하여 평화 시에는 사람을 표준으로 하고 혼란 시에는 천天을 표준으로 삼도록 했다. 저서로는 『유빈객집劉賓客集』이 있다.

· 사마광司馬光(1019~1086)
북송 산서성 사람으로 자는 군실君實, 시호는 문정文正이다. 사후에 태사온국공太師溫國公에 봉해져 사마온공司馬溫公이라고도 하며, 세인들에게는 속수선생涑水先生으로 통한다. 신종 때 왕안석의 신법에 반대하여 낙양으로 귀양 갔다가 철종 때 다시 재상으로 등용되었다. 저서로는 『자치통감資治通鑑』 294권이 있다.

· 범순인范純仁(1027~1101)
북송 소주 사람으로 자는 요부堯夫이다. 절제된 생활과 학문으로 이름이 높았으며, 저서로는 『범충선문집范忠宣文集』이 있다.

· 위요옹魏了翁(1178~1237)
남송 사천성 포강 사람으로 자는 화보華父, 호는 학산鶴山이다. 주희의 학문에 심취하였으며 저서로는 『학산집鶴山集』이 있다.

· 한유韓愈(768~824)
당나라 하남성 사람으로 자는 퇴지退之, 호는 창려昌黎이다. 송명리학宋明理學의 선구자로 불교와 도교를 비판하고 유가의 도통을 확립했다. 그의 유가 도통에 의하면 요堯·순舜·우禹·탕湯·문왕文王·무왕武王·주공周公·공자孔子·맹자孟子로 되어 있다. 이 도통 계보는 이후 주희에 의해 계승되었다. 저서로는 『한창려집韓昌黎集』이 있다.

· 진덕수眞德秀(1178~1235)
남송 복건성 사람으로 자는 경원景元 또는 경희景希, 서산선생西山先生으로 더 잘 알려져 있다. 주희의 재전제자再傳弟子로 학문과 인품이 높았다. 저서로는 『심경心經』이 있는데, 퇴계는 이 책을 엄한 아버지처럼 존숭했다.

· 정이程頤(1033~1107)
북송 낙양 사람으로 자는 정숙正叔 또는 이천伊川이다. 리理 개념을 주로 한 성리학을 세워 주희로 이어졌다. 학문의 목적을 성인聖人이 되는 데 두었으며 주돈이와 장재, 그리고 그의 형 정호程顥와 더불어 북송의 네 선생으로 추앙받았다. 저서로 『이정전서二程全書』가 있다.

· 장재張載(1020~1077)
북송 섬서성 미현 사람으로 자는 자후子厚, 호는 횡거橫渠이다. 주로 관중 지역에서 강학했으므로 그의 학파를 관학關學이라 일컫는다. 학문의 실용성과 자연과학적인 방법을 중시했다. 특히 기일원론氣一元論을 내세워 유물론의 원류가 되었다. 저서로는 『정몽正蒙』이 있다.

· 여대림呂大臨(1040~1092)
북송 섬서성 남전 사람으로 자는 여숙與叔이다. 처음에는 장재 문하에서 배웠으나 후에 정자程子 문하로 들어갔다. 저서로는 『예기전禮記傳』이 있다.

· 범준范浚(1102~1151)
남송 무주 사람으로 자는 무명茂明, 호는 난계蘭溪이다. 벼슬을 버리고 자연을 벗삼아 오로지 연구에 몰두했다. 그의 학풍은 정자와 상통했으며 저서로는 『심잠心箴』이 있다.

· 주희朱熹(1130~1200)
남송 휘주 사람으로 복건성 건양으로 옮겨 가서 살았다. 자는 원회元晦 또는 중회仲晦, 호는 회암晦菴·회옹晦翁·고정考亭·자양紫陽이다. 세인들은 그의 학문을 추앙하여 주자朱子라 불렀다. 정자의 학문을 이어받고 소옹·장재·주돈이 등의 학문을 절충하여 성리학을 집대성하였다. 강학과 저술에 주력하여 많은 제자와 저서를 남겼다. 저서로는 『사서집주四書集注』가 유명하다.

· 장식張栻(1133~1180)

남송 한주 면죽 사람으로 자는 경부敬夫·흠부欽夫·낙재樂齋, 호는 남헌南軒이다. 주희와 교우하였으며 많은 서원 제자를 두었다. 저서로는 『남헌집南軒集』이 있다.

· 오징吳澄(1249~1333)

원나라 강서성 숭인 사람으로 자는 유청幼淸, 호는 초려草廬이다. 원나라 국자감 교수가 되어 주자학을 바탕으로 육상산의 학문을 절충하여 주륙절충학朱陸折衷學의 기원을 이루었다. 저서로는 『오문정공집吳文正公集』이 있다.

· 진백陳柏

송나라 남당 사람으로 자는 무경茂卿이다. 왕백이 절강성 태주에 있는 상채서원에서 강학할 때 오직 진백의 「숙흥야매잠夙興夜寐箴」으로 학생을 가르쳤다.

· 왕백王柏(1197~1274)

남송 무주 금화 사람으로 자는 회지會之, 호는 노재魯齋이다. 주희-황간-하기-왕백으로 이어지는 전형적인 성리학자이며 저서로는 『노재집魯齋集』이 있다.

· 하기何基(1188~1269)

남송 무주 금화 사람으로 자는 자공子恭, 호는 북산北山이다. 주희의 제자 황간에게 배웠으며 그 학통을 왕백에게 전해 주었다. 저서로는 『하북산문집何北山文集』이 있다.

· 위공衛公

춘추시대 위나라 무공武公을 말한다. 95세가 되었을 때에도 『시경詩經』의 훈계하는 말들을 모아 자신의 행동을 경계하였다.

· 대우大禹

중국 고대 하나라의 임금으로 홍수를 막는 치수사업을 잘하여 성현으로 추앙받았다.

편저자 **퇴계退溪 이황李滉**

조선 중기의 대표적인 성리학자로 자는 경호景浩, 호는 퇴계退溪, 시호는 문순文純이다. 경북 예안 사람으로 주희를 사숙하였으며, 이를 더욱 발전시켜 독자적인 퇴계학의 학풍을 열었다. 도산서원을 중심으로 많은 제자를 배출하였다.

퇴계가 주장한 독자적인 리기호발설理氣互發設은 한국성리학의 독창성을 보여주는 대표적인 예라고 할 수 있으며, 그의 사상은 이후 일본 근대 유학의 발달에도 커다란 영향을 끼쳤다.

대표적인 저서로는 『성학십도』, 『송계원명리학통록』, 『자성록』 등이 있다.

역해자 **박상주朴庠柱**

경북대학교 사범대학 영어학과를 졸업하고, 부산대학교 교육대학원에서 교육방법학으로 교육학석사를 받았으며, 영남대학교 대학원 교육학과에서 교육철학 및 교육사 부문으로 교육학 박사를 취득하였다. 마산중앙고와 부산해운대고에서 교사로 재직하였으며, 경성대 영남대 인제대 등에 출강했다. 현재 창원대 대학원에서 강의 중이다.

주요 논문으로는 「戊辰六條疏에 나타난 퇴계의 정치철학」, 「퇴계의 경연강의 소고」, 「퇴계의 예술철학」 등이 있다.

◀ 예문서원의 책들 ▶

원전총서

박세당의 노자(新註道德經) 박세당 지음, 김학목 옮김, 312쪽, 13,000원
율곡 이이의 노자(醇言) 이이 지음, 김학목 옮김, 152쪽, 8,000원
홍석주의 노자(訂老) 홍석주 지음, 김학목 옮김, 320쪽, 14,000원
북계자의(北溪字義) 陳淳 지음, 김충열 감수, 김영민 옮김, 295쪽, 12,000원
주자가례(朱子家禮) 朱熹 지음, 임민혁 옮김, 496쪽, 20,000원
서경잡기(西京雜記) 劉歆 지음, 葛洪 엮음, 김장환 옮김, 416쪽, 18,000원
고사전(高士傳) 皇甫謐 지음, 김장환 옮김, 368쪽, 16,000원
열선전(列仙傳) 劉向 지음, 김장환 옮김, 392쪽, 15,000원
열녀전(列女傳) 劉向 지음, 이숙인 옮김, 447쪽, 16,000원
선가귀감(禪家龜鑑) 청허휴정 지음, 박재양・배규범 옮김, 584쪽, 23,000원
공자성적도(孔子聖蹟圖) 김기주・황지원・이기훈 역주, 254쪽, 10,000원
공자세가・중니제자열전(孔子世家・仲尼弟子列傳) 司馬遷 지음, 김기주・황지원・이기훈 역주, 224쪽, 12,000원
천지서상지(天地瑞祥志) 김용천・최현화 역주, 384쪽, 20,000원
도덕지귀(道德指歸) 徐命膺 지음, 조민환・장원목・김경수 역주, 544쪽, 27,000원

성리총서

범주로 보는 주자학(朱子の哲學) 오하마 아키라 지음, 이형성 옮김, 546쪽, 17,000원
송명성리학(宋明理學) 陳來 지음, 안재호 옮김, 590쪽, 17,000원
주희의 철학(朱熹哲學研究) 陳來 지음, 이종란 외 옮김, 544쪽, 22,000원
양명 철학(有無之境─王陽明哲學的精神) 陳來 지음, 전병욱 옮김, 752쪽, 30,000원
주자와 기 그리고 몸(朱子と氣と身體) 미우라 구니오 지음, 이승연 옮김, 416쪽, 20,000원
정명도의 철학(程明道思想研究) 張德麟 지음, 박상리・이경남・정성희 옮김, 272쪽, 15,000원
주희의 자연철학 김영식 지음, 576쪽, 29,000원
송명유학사상사(宋明時代儒學思想の研究) 구스모토 마사쓰구(楠本正繼) 지음, 김병화・이혜경 옮김, 602쪽, 30,000원
북송도학사(道學の形成) 쓰치다 겐지로(土田健次郎) 지음, 성현창 옮김, 640쪽, 3,2000원
성리학의 개념들(理學範疇系統) 蒙培元 지음, 홍원식・황지원・이기훈・이상호 옮김, 880쪽, 45,000원

불교(카르마)총서

학파로 보는 인도 사상 S. C. Chatterjee・D. M. Datta 지음, 김형준 옮김, 424쪽, 13,000원
불교와 유교 ─ 성리학, 유교의 옷을 입은 불교 아라키 겐고 지음, 심경호 옮김, 526쪽, 18,000원
유식무경, 유식 불교에서의 인식과 존재 한자경 지음, 208쪽, 7,000원
박성배 교수의 불교철학강의: 깨침과 깨달음 박성배 지음, 윤원철 옮김, 313쪽, 9,800원
불교 철학의 전개, 인도에서 한국까지 한자경 지음, 252쪽, 9,000원
인물로 보는 한국의 불교사상 한국불교원전연구회 지음, 388쪽, 20,000원
한국 비구니의 수행과 삶 전국비구니회 지음, 400쪽, 18,000원
은정희 교수의 대승기신론 강의 은정희 지음, 184쪽, 10,000원
비구니와 한국 문학 이향순 지음, 320쪽, 16,000원
불교철학과 현대윤리의 만남 한자경 지음, 304쪽, 18,000원
현대예술 속의 불교 동국대학교 불교문화연구원 엮음, 296쪽, 18,000원

노장총서

도가를 찾아가는 과학자들 ─ 현대신도가의 사상과 세계(當代新道家) 董光璧 지음, 이석명 옮김, 184쪽, 5,800원
유학자들이 보는 노장 철학 조민환 지음, 407쪽, 12,000원
노자에서 데리다까지 ─ 도가 철학과 서양 철학의 만남 한국도가철학회 엮음, 440쪽, 15,000원
이강수 교수의 노장철학이해 이강수 지음, 462쪽, 23,000원
不二 사상으로 읽는 노자 ─ 서양철학자의 노자 읽기 이찬훈 지음, 304쪽, 12,000원
김항배 교수의 노자철학 이해 김항배 지음, 280쪽, 15,000원

역학총서

주역철학사(周易研究史) 廖名春・康學偉・梁韋弦 지음, 심경호 옮김, 944쪽, 30,000원
주역, 유가의 사상인가 도가의 사상인가(易傳與道家思想) 陳鼓應 지음, 최진석・김갑수・이석명 옮김, 366쪽, 10,000원
송재국 교수의 주역 풀이 송재국 지음, 380쪽, 10,000원

한국철학총서

조선 유학의 학파들 한국사상사연구회 편저, 688쪽, 24,000원
실학의 철학 한국사상사연구회 편저, 576쪽, 17,000원
윤사순 교수의 한국유학사상론 윤사순 지음, 528쪽, 15,000원
한국유학사 1 김충열 지음, 372쪽, 15,000원
퇴계의 생애와 학문 이상은 지음, 248쪽, 7,800원
율곡학의 선구와 후예 황의동 지음, 480쪽, 16,000원
다카하시 도루의 조선유학사 — 일제 황국사관의 빛과 그림자 다카하시 도루 지음, 이형성 편역, 416쪽, 15,000원
퇴계 이황, 예 잇고 뒤를 열어 고금을 꿰뚫으셨소 — 어느 서양철학자의 퇴계연구 30년 신귀현 지음, 328쪽, 12,000원
조선유학의 개념들 한국사상사연구회 지음, 648쪽, 26,000원
성리학자 기대승, 프로이트를 만나다 김용신 지음, 188쪽, 7,000원
유교개혁사상과 이병헌 금장태 지음, 336쪽, 17,000원
남명학파와 영남우도의 사림 박병련 외 지음, 464쪽, 23,000원
쉽게 읽는 퇴계의 성학십도 최제목 지음, 152쪽, 7,000원
홍대용의 실학과 18세기 북학사상 김문용 지음, 288쪽, 12,000원
남명 조식의 학문과 선비정신 김충열 지음, 512쪽, 26,000원
명재 윤증의 학문연원과 가학 충남대학교 유학연구소 편, 320쪽, 17,000원
조선유학의 주역사상 금장태 지음, 320쪽, 16,000원
율곡학과 한국유학 충남대학교 유학연구소 편, 464쪽, 23,000원
한국유학의 악론 금장태 지음, 240쪽, 13,000원
심경부주와 조선유학 홍원식 외 지음, 328쪽, 20,000원

연구총서

논쟁으로 보는 중국철학 중국철학연구회 지음, 352쪽, 8,000원
김충열 교수의 중국철학사 1 — 중국철학의 원류 김충열 지음, 360쪽, 9,000원
논쟁으로 보는 한국철학 한국철학사상연구회 지음, 326쪽, 10,000원
반논어(論語新昐) 趙紀彬 지음, 조남호·신정근 옮김, 768쪽, 25,000원
중국철학과 인식의 문제(中國古代哲學問題發展史) 方立天 지음, 이기훈 옮김, 208쪽, 6,000원
중국철학과 인성의 문제(中國古代哲學問題發展史) 方立天 지음, 박경환 옮김, 191쪽, 6,800원
현대의 위기 동양 철학의 모색 중국철학회 지음, 340쪽, 10,000원
역사 속의 중국철학 중국철학회 지음, 448쪽, 15,000원
일곱 주제로 만나는 동서比교철학(中西哲學比較面面觀) 陳衛平 편저, 고재욱·김철운·유성선 옮김, 320쪽, 11,000원
중국철학의 이단자들 중국철학회 지음, 240쪽, 8,200원
공자의 철학(孔孟荀哲學) 蔡仁厚 지음, 천병돈 옮김, 240쪽, 8,500원
맹자의 철학(孔孟荀哲學) 蔡仁厚 지음, 천병돈 옮김, 224쪽, 8,000원
순자의 철학(孔孟荀哲學) 蔡仁厚 지음, 천병돈 옮김, 272쪽, 10,000원
서양문학에 비친 동양의 사상 한림대학교 인문학연구소 엮음, 360쪽, 12,000원
유학은 어떻게 현실과 만났는가 — 선진 유학과 한대 경학 박원재 지음, 218쪽, 7,500원
유교와 현대의 대화 황의동 지음, 236쪽, 7,500원
동아시아의 사상 오이환 지음, 200쪽, 7,000원
역사 속에 살아있는 중국 사상(中國歷史に生きる思想) 시게자와 도시로 지음, 이혜경 옮김, 272쪽, 10,000원
덕치, 인치, 법치 — 노자, 공자, 한비자의 정치 사상 신동준 지음, 488쪽, 20,000원
육경과 공자 인학 남상호 지음, 312쪽, 15,000원
리의 철학(中國哲學範疇精粹叢書—理) 張立文 주편, 안유경 옮김, 524쪽, 25,000원
기의 철학(中國哲學範疇精粹叢書—氣) 張立文 주편, 김교빈 외 옮김, 572쪽, 27,000원
동양 천문사상, 하늘의 역사 김일권 지음, 480쪽, 24,000원
동양 천문사상, 인간의 역사 김일권 지음, 544쪽, 27,000원
공부론 임수무 외 지음, 544쪽, 27,000원

강의총서

김충열교수의 노자강의 김충열 지음, 434쪽, 20,000원
김충열교수의 중용대학강의 김충열 지음, 448쪽, 23,000원

퇴계원전총서

고경중마방古鏡重磨方 — 퇴계 선생의 마음공부 이황 편저, 박상주 역해, 204쪽, 12,000원
활인심방活人心方 — 퇴계 선생의 마음으로 하는 몸공부 이황 편저, 이윤희 역해, 308쪽, 16,000원

인물사상총서

한주 이진상의 생애와 사상 홍원식 지음, 288쪽, 15,000원

일본사상총서

일본 신도사(神道史) 무라오카 츠네츠구 지음, 박규태 옮김, 312쪽, 10,000원
도쿠가와 시대의 철학사상(德川思想小史) 미나모토 료엔 지음, 박규태·이용수 옮김, 260쪽, 8,500원
일본인은 왜 종교가 없다고 말하는가(日本人はなぜ 無宗教のか) 아마 도시마로 지음, 정형 옮김, 208쪽, 6,500원
일본사상이야기 40(日本がわかる思想入門) 나가오 다케시 지음, 박규태 옮김, 312쪽, 9,500원
사상으로 보는 일본문화사(日本文化の歷史) 비토 마사히데 지음, 엄석인 옮김, 252쪽, 10,000원
일본도덕사상사(日本道德思想史) 이에나가 사부로 지음, 세키네 히데유키·윤종갑 옮김, 328쪽, 13,000원
천황의 나라 일본 — 일본의 역사와 천황제(天皇制と民衆) 고토 야스시 지음, 이남희 옮김, 312쪽, 13,000원
주자학과 근세일본사회(近世日本社會と宋學) 와타나베 히로시 지음, 박홍규 옮김, 304쪽, 16,000원

예술철학총서

중국철학과 예술정신 조민환 지음, 464쪽, 17,000원
풍류정신으로 보는 중국문학사 최병규 지음, 400쪽, 15,000원
율려와 동양사상 김병훈 지음, 272쪽, 15,000원
한국 고대 음악사상 한흥섭 지음, 392쪽, 20,000원

동양문화산책

공자와 노자, 그들은 물에서 무엇을 보았는가 사라 알란 지음, 오만종 옮김, 248쪽, 8,000원
주역산책(易學漫步) 朱伯崑 외 지음, 김학권 옮김, 260쪽, 7,800원
동양을 위하여, 동양을 넘어서 홍원식 외 지음, 264쪽, 8,000원
서원, 한국사상의 숨결을 찾아서 안동대학교 안동문화연구소 지음, 344쪽, 10,000원
녹차문화 홍차문화 츠노야마 사가예 지음, 서은미 옮김, 232쪽, 7,000원
류짜이푸의 얼굴 찌푸리게 하는 25가지 인간유형 류짜이푸(劉再復) 지음, 이기면·문성자 옮김, 320쪽, 10,000원
안동 금계마을 — 천년불패의 땅 안동대학교 안동문화연구소 지음, 272쪽, 8,500원
안동 풍수 기행, 와룡의 땅과 인물 이완규 지음, 256쪽, 7,500원
안동 풍수 기행, 돌혈의 땅과 인물 이완규 지음, 328쪽, 9,500원
영양 주실마을 안동대학교 안동문화연구소 지음, 332쪽, 9,800원
예천 금당실·맛질 마을 — 정감록이 꼽은 길지 안동대학교 안동문화연구소 지음, 284쪽, 10,000원
터를 안고 仁을 펴다 — 퇴계가 굽어보는 하계마을 안동대학교 안동문화연구소 지음, 360쪽, 13,000원
안동 가일 마을 — 풍산들기에 의연히 서다 안동대학교 안동문화연구소 지음, 344쪽, 13,000원
중국 속에 일떠서는 한민족 — 한겨레신문 차한필 기자의 중국 동포사회 리포트 차한필 지음, 336쪽, 15,000원
신간도견문록 박진관 글·사진, 504쪽, 20,000원
안동 무실 마을 — 문헌의 향기로 남다 안동대학교 안동문화연구소 지음, 464쪽, 18,000원
선양과 세습 사라 알란 지음, 오만종 옮김, 318쪽, 17,000원

민연총서 — 한국사상

자료와 해설, 한국의 철학사상 고려대 민족문화연구원 한국사상연구소 편, 880쪽, 34,000원
여헌 장현광의 학문 세계, 우주와 인간 고려대 민족문화연구원 한국사상연구소 편, 424쪽, 20,000원
퇴옹 성철의 깨달음과 수행 — 성철의 선사상과 불교사적 위치 조성택 편, 432쪽, 23,000원
여헌 장현광의 학문 세계 2, 자연과 인간 고려대 민족문화연구원 한국사상연구소 편, 432쪽, 25,000원
여헌 장현광의 학문 세계 3, 태극론의 전개 고려대 민족문화연구원 한국사상연구소 편, 400쪽, 24,000원

예문동양사상연구원총서

한국의 사상가 10人—원효 예문동양사상연구원/고영섭 편저, 572쪽, 23,000원
한국의 사상가 10人—의천 예문동양사상연구원/이병욱 편저, 464쪽, 20,000원
한국의 사상가 10人—지눌 예문동양사상연구원/이덕진 편저, 644쪽, 26,000원
한국의 사상가 10人—퇴계 이황 예문동양사상연구원/윤사순 편저, 464쪽, 20,000원
한국의 사상가 10人—남명 조식 예문동양사상연구원/오이환 편저, 576쪽, 23,000원
한국의 사상가 10人—율곡 이이 예문동양사상연구원/황의동 편저, 600쪽, 25,000원
한국의 사상가 10人—하곡 정제두 예문동양사상연구원/김교빈 편저, 432쪽, 22,000원
한국의 사상가 10人—다산 정약용 예문동양사상연구원/박홍식 편저, 572쪽, 29,000원
한국의 사상가 10人—혜강 최한기 예문동양사상연구원/김용헌 편저, 520쪽, 26,000원
한국의 사상가 10人—수운 최제우 예문동양사상연구원/오문환 편저, 464쪽, 23,000원